CURSUS

Arbeitsheft 1

mit Lösungen
Zu den Lektionen 1–16

Neue Ausgabe

Herausgegeben von Michael Hotz und
Prof. Dr. Friedrich Maier

Bearbeitet von Andrea Wilhelm

C.C.Buchner Verlag, Bamberg
J. Lindauer Verlag, München
Oldenbourg Schulbuchverlag, München

Cursus – Neue Ausgabe
Herausgegeben von Michael Hotz und Prof. Dr. Friedrich Maier

Arbeitsheft 1
mit Lösungen
Zu den Lektionen 1–16
Bearbeitet von Andrea Wilhelm

Titelbild: bpk-Bildagentur / Scala

1. Auflage, 1. Druck 2020
Alle Drucke dieser Auflage sind, weil untereinander unverändert, nebeneinander benutzbar.

Redaktion: Andrea Forster
Illustration: Peter Knorr, Nierstein
Karten: Dr. Volkhard Binder, Teltge
Umschlagkonzept: Mendell & Oberer, München
Umschlaggestaltung: Erasmi + Stein, München
Layoutkonzept: Michael Anker, Berlin
Satz: Marion Röhr, Berlin
Druck und Bindung: Brüder Glöckler GmbH, Wöllersdorf

www.ccbuchner.de
www.oldenbourg.de

ISBN 978-3-661-**40202**-4 (C.C.Buchner Verlag)
978-3-637-02851-7 (Cornelsen Verlag)

Liebe Schülerin, lieber Schüler,
mit dem Arbeitsheft kannst du zusätzliche Übungen bearbeiten.
Die folgenden Erklärungen helfen dir, die Aufgaben und Zeichen im Arbeitsheft zu verstehen.

So ist dein Arbeitsheft aufgebaut:

Lektionen 1–16 — Seiten 4–35

Vokabeln, Grammatik und Kulturwissen aus dem Schülerband kannst du im entsprechenden Kapitel deines Arbeitshefts üben.
Die 16 Kapitel begleiten die ersten 16 Lektionen des Schülerbandes.

W zeigt eine Übung zum Wortschatz dieser Lektion an.

G ist eine zusammenfassende Übung zu Grammatik, die in dieser Lektion und in früheren Lektionen vorkommt.

Außerdem gibt es in jedem Kapitel eine Übung zum Kulturwissen der Lektion und einen farbig unterlegten Text, an dem du das Verstehen lateinischer Texte und das Übersetzen ins Deutsche üben kannst.
Geh bei der Textarbeit immer so vor:
- Lies zunächst den lateinischen Text ganz und in Ruhe durch.
- Bearbeite dann den Arbeitsauftrag.
- Übersetze am Ende den Text schriftlich.

Seiten 36–37

Auf diesen Seiten findest du Erklärungen zum Prüfungsteil und eine Tabelle für deine Selbstauswertung.
Zu jeder Lektion kannst du an einem Selbsttest deinen Kenntnisstand überprüfen.
Jeder Selbsttest umfasst je eine Testaufgabe zu den Bereichen Wortschatz, Grammatik, Text und Kultur.

Selbsttests 1–16 — Seiten 38–45

Die 16 Testkapitel begleiten die 16 Lektionen des Schülerbandes und die 16 Kapitel des Arbeitshefts.
Eine Übersicht über die Themen steht auf Seite 48.

Checkliste zur Selbsteinschätzung — Seiten 46–47

Lösungen zu den Lektionen und Selbsttests 1–16 — Lösungsheft

Im Lösungsheft findest du Lösungen und Erklärungen zum Übungsteil und zu den Selbsttests.
Mit dem Lösungsheft kannst du selbst, können deine Eltern oder Mitschülerinnen und Mitschüler deine Ergebnisse kontrollieren.

W 1 Schreibe die lateinischen Vokabeln auf.

A

C

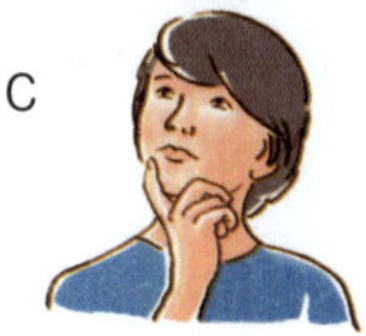

E

G

B

D

F

A ______________________ E ______________________

B ______________________ F ______________________

C ______________________ G ______________________

D ______________________

G 2 Ordne den lateinischen Grammatik-Fachbegriffen die deutschen Beschreibungen zu.

Satzgegenstand – Satzaussage – Grundform – männlich – Tätigkeitswort – Hauptwort – sächlich – Einzahl – Geschlecht – weiblich

Substantiv ______________________ Genus ______________________

Subjekt ______________________ Maskulinum ______________________

Singular ______________________ Verb ______________________

Neutrum ______________________ Prädikat ______________________

Infinitiv ______________________ Femininum ______________________

3 Beantworte und begründe mit Stellen und Zeilenangabe aus dem lateinischen Text:

Wer vermisst den Esel? ______________________

Taucht der Esel wieder auf? ______________________

Der Esel ist weg

Ubī asinus est?
Quīntus stat et circumspectat[1]. Clāmat.
Cōgitat: Cūr porta patet?
Subitō asinus clāmat.
Quīntus valdē gaudet:
Ecce, nunc[2] asinus venit.

1) **circumspectat:** (er, sie, es) blickt sich suchend um
2) **nunc:** nun, jetzt

4 Entscheide, ob diese Aussagen über die lateinische Sprache und Grammatik stimmen.

	stimmt	*stimmt nicht*
1. Im Lateinischen gibt es keinen Artikel.	☐	☐
2. Die Person des Verbs erkennt man am Ende der Form.	☐	☐
3. Im Lateinischen werden alle Wörter kleingeschrieben.	☐	☐
4. Der Nom. Sg. eines Substantivs endet auf *-t*.	☐	☐
5. Das Infinitiv-Zeichen ist *-re*.	☐	☐
6. Ein Substantiv mit der Endung *-a* ist Neutrum.	☐	☐
7. Ein Substantiv als Subjekt steht im Nom. Sg.	☐	☐

5 Die *villa* in der Stadt hatte ähnliche Räume wie die *villa* auf dem Land.
Zeichne Folgendes mit den passenden Farben ein:

- im *Atrium* ein Fußbodenmosaik
- im *Tablinum* Korbstühle
- im *Triklinium* Liegen
- im *Peristyl* Pflanzen

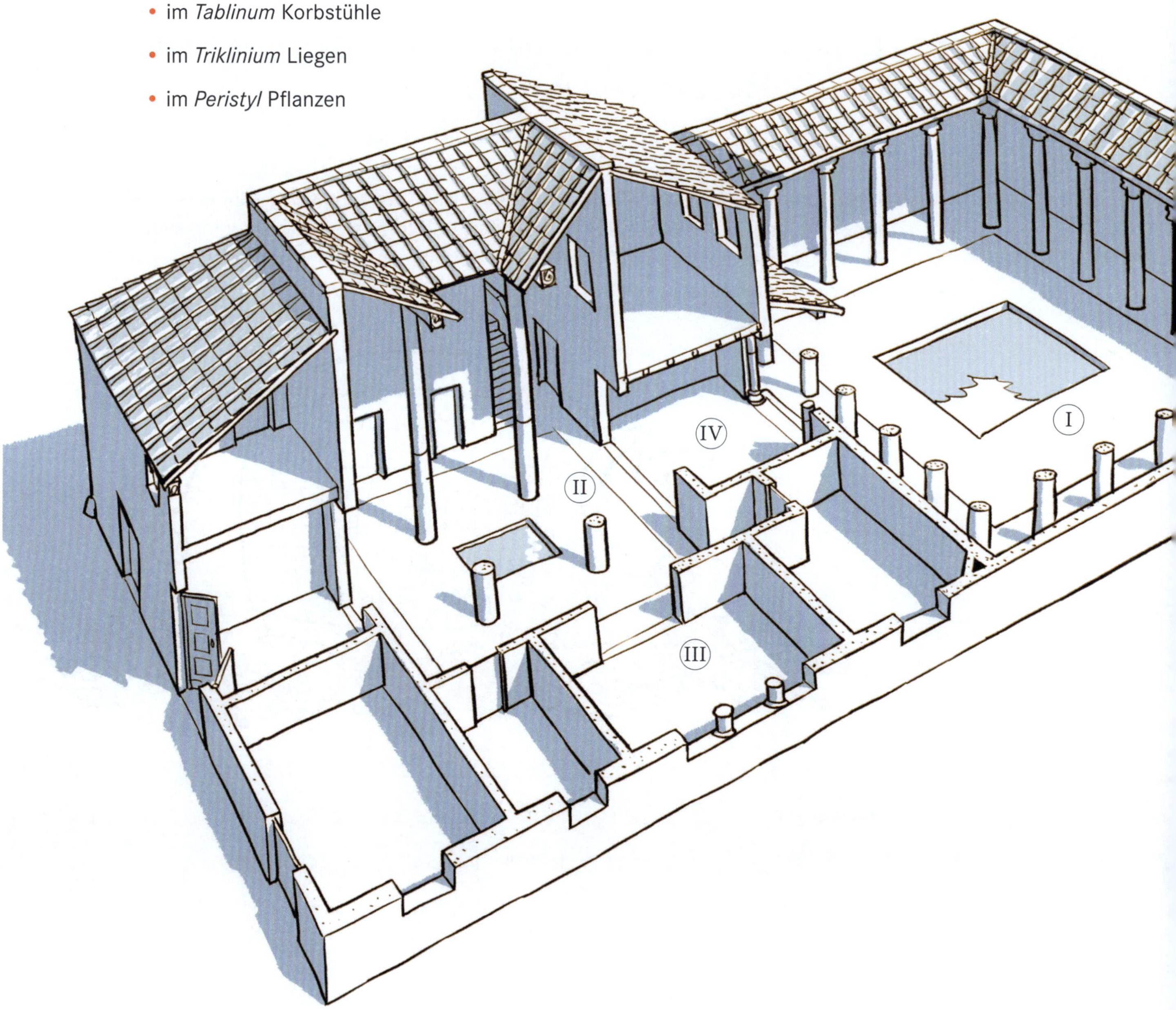

W 1 Wähle die richtige deutsche Bedeutung aus und trage sie zur lateinischen Vokabel ein. Die markierten Buchstaben ergeben richtig geordnet eine weitere lateinische Vokabel. Notiere sie und ihre deutsche Bedeutung.

siche**r** – Freun**d** – sich nä**h**ern – er**s**cheinen – erfre**u**en – e**i**len – l**a**chen – sch**o**n – herbeitr**a**gen – jet**z**t – schnel**l** – eb**e**nfalls – Skla**v**e – von Weite**m** – dor**t**

ridere	________________	ibi	________________
cito	________________	apparere	________________
item	________________	delectare	________________
apportare	________________	certe	________________

Lösungswörter: __ __ __ __ __ __ __ __ ________________

2 a Unterstreiche alle Substantive, die im Plural stehen. Markiere ihr Plural-Zeichen farbig.

amicae – amicus – servi – silentium – dona – equi – villae – matrona – asini – familia – mala

b Unterstreiche alle Verben, die im Plural stehen. Markiere ihr Plural-Zeichen farbig.

clamant – cessat – gaudent – salutant – apparet – veniunt – ridet – properat – timent – sunt

W 3 Das „Wort-Schwein" ist gefüllt mit unveränderlichen Wörtern, waagrecht und senkrecht, rückwärts und vorwärts zu lesen. Markiere sie und trage sie bei ihren unten stehenden deutschen Bedeutungen ein. Die restlichen Buchstaben ergeben der Reihenfolge nach die Namen von drei bekannten Wildschweinessern.

auch, sogar	________________	sicher	________________	nun	________________
von Weitem	________________	plötzlich	________________	aber	________________
denn	________________	so	________________	schon	________________
dort	________________	da, dann	________________		

Wildschweinesser: ________________________________

G 4 Setze eine in der Form und Bedeutung passende Verbform ein und übersetze die Sätze.

ridet – tacent – properat – apparent – clamat – delectant

1. Syrus servus ___________ ___________
2. Quintus et Flavia ___________ ___________
3. Equi ___________ ___________
4. Dona ___________ ___________
5. Matrona ___________ ___________
6. Servae ___________ ___________

5 Trage die Lösungen ein. Die gekennzeichneten Buchstaben ergeben richtig geordnet einen römischen Vornamen: _ _ _ _ _ _

Der Beiname von Gaius Iulius Caesar ist _ _ _ ☐ _ _

Die Tochter von Gaius Iulius Caesar heißt _ ☐ _ _ _

Das M im Namen M. Tullius Cicero bedeutet _ _ _ ☐ _ _

Ciceros Tochter heißt _ _ ☐ _ _ _

Hätte sie eine ältere Schwester, hieße diese _ _ _ _ _ _ _ _ ☐ _ _

Ein Sklave aus Syrien heißt oft _ _ _ ☐ _

6 Beantworte und begründe mit Stellen und Zeilenangabe aus dem lateinischen Text:

Warum ist es Galla langweilig? ___________

Quis est? (Z. 6) Wie lautet die Antwort? ___________

Warten ist langweilig!

Galla serva in hortō[1] est. Sub arbore[2] stat et exspectat, sed amīcī nōn veniunt. Ubī servī sunt? Cūr servae appārēre cessant? Galla nōn rīdet, nam exspectāre nōn placet. Subitō aliquis[3] clāmat: „Galla! Galla!" Quis est? Certē amīcī sunt. Nunc Galla gaudet: Tandem servae appropinquant.

1) **in hortō**: im Garten 2) **sub arbore**: unter einem Baum
3) **aliquis**: jemand

G 1 Trage die Verbformen bei ihrer Person ein.

ridemus | rogo | estis
iubent | vocatis | gaudeo
navigamus | venit | respondet
sum | timetis | audiunt
clamat | es | properant
salutas | sumus | taces

1. Sg.: ______
2. Sg.: ______
3. Sg.: ______
1. Pl.: ______
2. Pl.: ______
3. Pl.: ______

G 2 In den Sätzen fehlt ein Substantiv als Subjekt oder als Akkusativ-Objekt. Benenne die bereits vorhandenen Satzglieder und stelle so fest, was fehlt. Füge dann Subjekt oder Objekt passend ein.

servus – amicam – Flaviam – amicos – familia – provinciam – amici – periculum

1. Marcus ______ exspectat.
2. ______ equos audiunt.
3. Nuntium ______ apportat.
4. ______ exspectat.
5. Serva ______ timet.
6. ______ administro.
7. Flavia ______ rogat.
8. Quintus ______ amat.

3 Riesiges Römisches Reich! Ordne die lateinischen Namen der Städte den Zahlen zu.

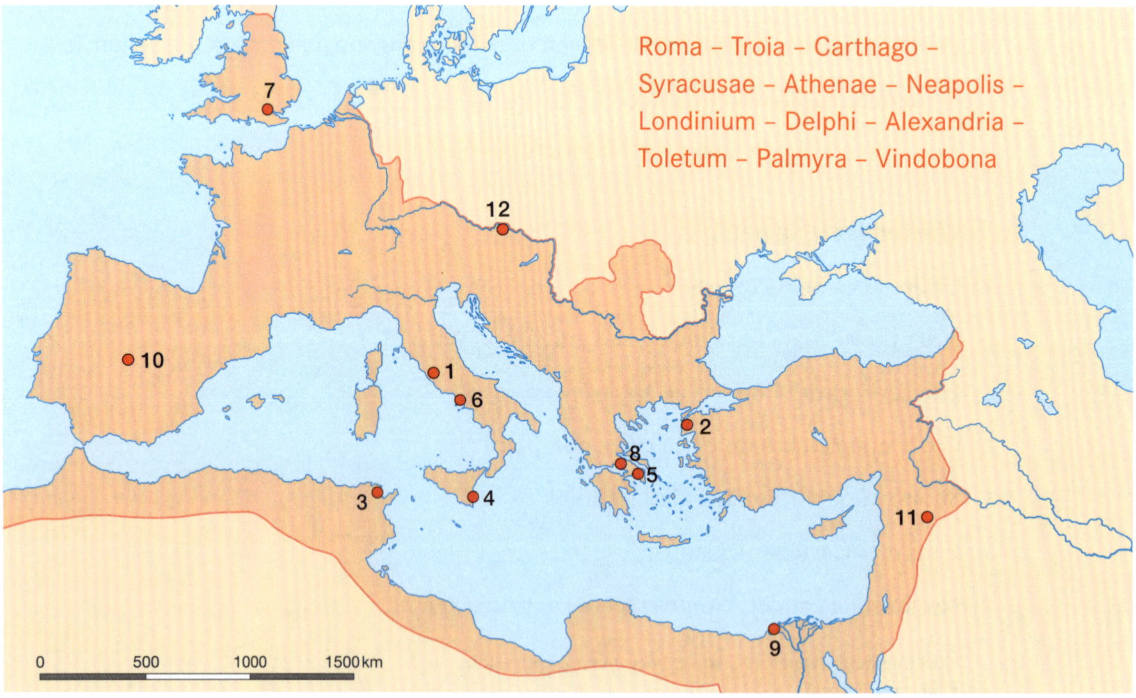

1 ______
2 ______
3 ______
4 ______
5 ______
6 ______
7 ______
8 ______
9 ______
10 ______
11 ______
12 ______

W **4** Stelle Akkusativ-Objekte und Prädikate zu sieben sinnvollen Kurzsätzen zusammen und übersetze sie.

periculum
provinciam
donum
amicum
servos
lacrimas
nuntium

+

vocat
tenes
rogant
administrat
apportatis
salutamus
timeo

1. ______________________________
2. ______________________________
3. ______________________________
4. ______________________________
5. ______________________________
6. ______________________________
7. ______________________________

5 Vergleiche die Übersetzung mit dem lateinischen Text und korrigiere die Fehler.

Auf nach Rom!

Ecce, nūntius appropinquat; M. Flāvium Lepidum et familiam salūtat: „Salvēte!“ Iam equī stant. M. Flāvius Lepidus nūntium salūtat et rogat: „Salvē etiam tū! Quis es? Cūr hūc venīs? Quid apportās?“ Nūntius respondet: „Tū, Mārce, prōvinciam administrāre scīs. Tū nihil timēs. Tū Rōmam[1] properāre dēbēs. Imperātor tē vocat.“ M. Flāvius Lepidus: „Euax[2]! Prōvinciam administrāre mihī licet.“ Tum servōs vocat: „Ubī estis? Cūr nōn pārētis?“ Citō servī appārent. Respondent: „Iam venīmus. Certē pārēmus.“

1) **Rōmam**: nach Rom 2) **Euax!**: Toll! Super!

Übersetzung mit Fehlern

Schau, der Bote nähert sich; er grüßt M. Flavium Lepidum und die Familie: „Seid gegrüßt!“ Schon die Pferde stehen. M. Flavius Lepidus grüßt den Boten: „Sei auch du gegrüßt! Wer bist du? Warum bist du hier? Was bringst du?“ Der Bote antwortet: „Du, Marce, weißt eine Provinz zu verwalten. Du fürchtest nichts. Du musst nach Rom eilen. Der Kaiser fragt dich.“ M. Flavius Lepidus: „Super! Es ist erlaubt, eine Provinz zu verwalten.“ Dann ruft er den Sklaven: „Wo bist du? Warum kommt ihr nicht?“ Schnell erscheinen die Sklaven. Antworten: „Schon kommen wir. Denn wir gehorchen.“

1 Wähle einen „Besitzer“ für den „Besitz“ aus. Setze das Substantiv im Genitiv dazu und übersetze.

nuntii – dearum – hominum – amicarum – imperatoris – dei – regis

1. equus ______________________ ______________________
2. regina ______________________ ______________________
3. dona ______________________ ______________________
4. simulacrum ______________________ ______________________
5. clamor ______________________ ______________________
6. verba ______________________ ______________________
7. amor ______________________ ______________________

G **2** Die Schlange hat Verbformen gefressen. Trenne sie voneinander ab, schreibe sie heraus und übersetze sie.

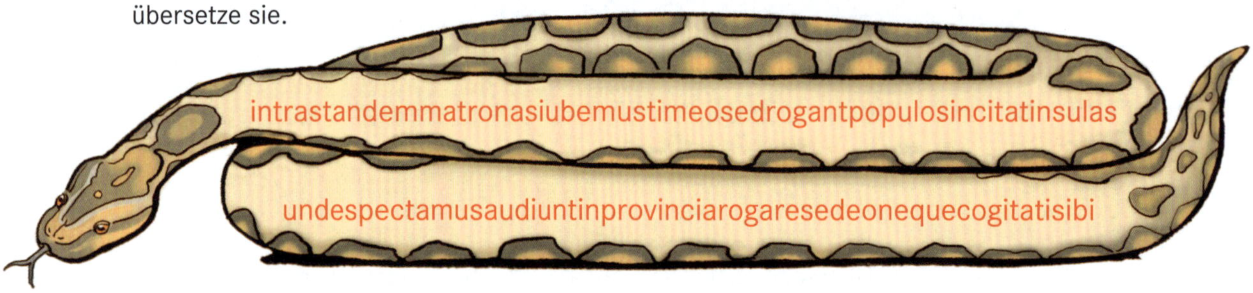

1. ______________________ 6. ______________________
2. ______________________ 7. ______________________
3. ______________________ 8. ______________________
4. ______________________ 9. ______________________
5. ______________________ 10. ______________________

3 Schreibe aus dem Text heraus, welche Personen und Personengruppen vorkommen:

____

Cūr amīcus nihil videt?

„Quis ibī sedet?“ – „Ibī senātōrēs[!] et amīcī senātōrum[!] sedent. Etiam cōnsulem videō. Nunc pompa[1] venit.“ – „Quid apportant?“ – „Simulācra deōrum et deārum apportant.“ – „Cūr hominēs nunc tacent?“ – „Verba imperātōris audiunt.“ – „Cūr populus clāmat?“ – „Modo imperātor sīgnum dat.“ – „Quis nunc intrat?“ – „Nunc nūntius intrat. Imperātōrem salūtat. Imperātor rīdet, certē verba nūntiī placent.“ – „Quid audīs?“ – „Verba nūntiī nōn audiō, sed clāmōrem hominum. Nunc hominēs stant. Tū autem, amīce, hīc sedēs et mē rogās. Cūr etiam tū nōn stās?“

1) **pompa, -ae** f: Festzug

W 4 Trage die deutschen Bedeutungen in die Kästchen des Kreuzworträtsels ein. Die Buchstaben in den umrahmten Kästchen ergeben – richtig sortiert – das lateinische Lösungswort.

Waagrecht:
2. amor
6. tandem
10. deus
11. homo
12. initium
13. dare
14. cogitare
15. incitare
16. modo

Senkrecht:
1. populus
3. simulacrum
4. videre
5. intrare
7. signum
8. clamor
9. diu

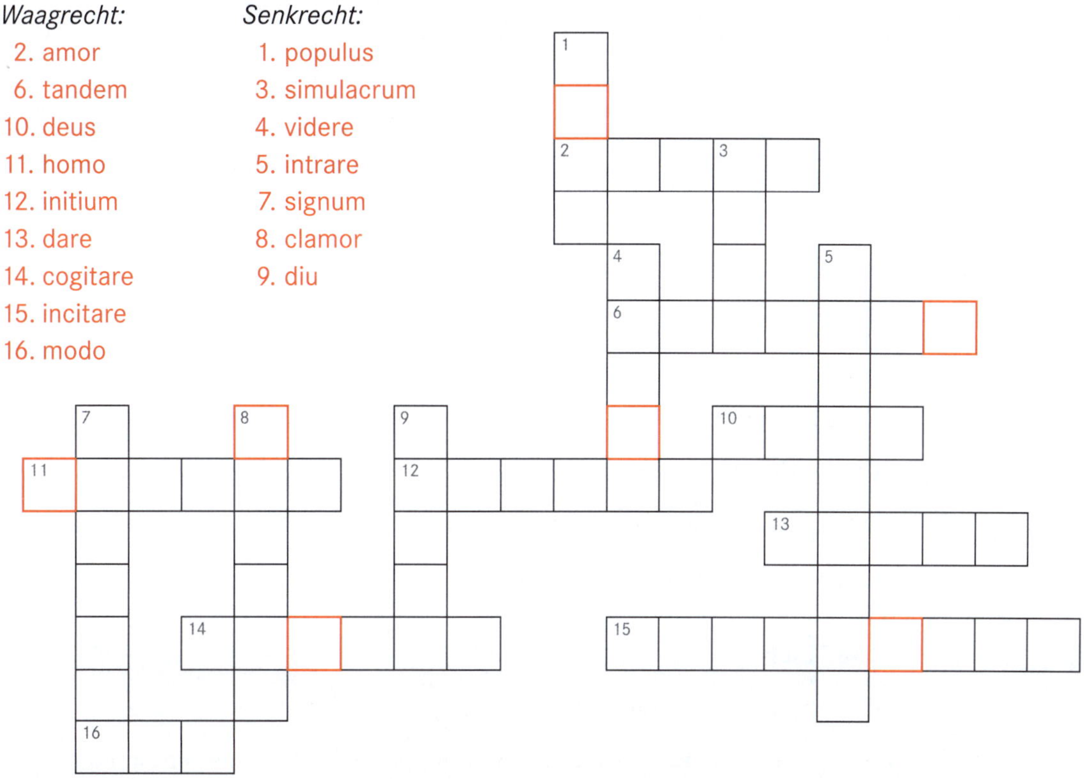

Lösung: ____________________

5 Hier folgt ein Ausschnitt aus einer „Live-Reportage" über ein Wagenrennen. Aber der „Reporter" hat offenbar keine Ahnung! Unterstreiche seine Fehler und berichtige in Stichworten.

„Der *circus* ist voll besetzt bis auf den letzten Platz, 175 000 Zuschauer sind gekommen, um das heutige Rennen mitzuerleben. Ich sehe mehrere Senatoren; sie tragen zur Feier des Tages ihre schönste *palla*. Nun kommt die *pompa*, ein beeindruckender Festzug; man zeigt heute besonders viele Bilder von Kaisern. Doch jetzt steht der Kaiser auf, um seine Rede zu halten. Alle hören seinen Begrüßungsworten aufmerksam zu. Jetzt wird das rote Tuch auf die Startbahn geworfen. Und schon kommen die Wagenlenker aus ihren Boxen. Sie werden nun zehn Mal die *spina* umrunden. Da der *circus* selbst 360 m lang ist, ist das eine recht lange Strecke. Und schon dreht der erste Wagen um die Wendemarke. Es wird ein spannendes Rennen werden!"

1 Jeweils eine der beiden Substantivformen steht im Dativ. Markiere sie.

avo – homo	equi – nuntiis	consuli – asini
iudici – periculi	deo – dea	equus – oratoribus
dona – amicae	patri – populi	furis – verbis
consulibus – servus	hominis – servis	fugae – clamores

2 Lies den Text und kreuze an, ob die Aussagen zum Text stimmen:

	stimmt	*stimmt nicht*
1. Galla ist traurig.	☐	☐
2. Die Herrin schimpft mit ihr.	☐	☐
3. Die Sklaven haben Angst vor dem Herrn.	☐	☐
4. Galla hat Zuckerplätzchen gestohlen.	☐	☐

Zucker-Dieb

Galla serva ante coquīnam[1] stat et lacrimās dat. Dum servī et servae accurrunt, etiam Mārcus Flāvius Lepidus appropinquat. Rogat: „Quid est? Cūr lacrimās dās?“ Galla respondet: „Hīc fūrēs sunt, domine! Crūstula[2] quaerō. Properāre dēbeō, nam domina mē exspectat. Neque crūstula[2] hīc sunt!“ Flāvius Lepidus: „Ubī crūstula[2] sunt? Quis fūrem nōminat[3]?“ Servī valdē timent, sed dominō nōn pārent. Tacent, nihil dīcunt. Subitō canis[4] Hylax appāret et crūstula[2] apportat. Tum dominus et servī rīdent.

1) **coquīna, -ae** f: Küche 2) **crūstulum, -ī** n: Zuckerplätzchen
3) **nōmināre**: nennen, angeben 4) **canis, canis** m: Hund

W **3** Beim Übersetzen sind Vokabelfehler passiert! Streiche sie an und korrigiere sie.

1. Servus dominum quaerit. – Der Sklave sucht das Geschenk.
2. Dum epistulam legit, tacet. – Dann liest er den Brief, er schweigt.
3. Amici forum petunt. – Die Freunde bitten das Forum.
4. Iam amici accurrunt. – Denn die Freunde eilen herbei.
5. Ibi asinus iacet, dormit. – Dort schweigt der Esel, er schläft.

G **4** Nenne die Infinitive zu diesen Verbformen und trage sie in ihre Konjugationsklasse ein.

intrat – videmus – cogito – luditis – venis – quaeris – solent – plaudo – tacetis – scio – decedunt – spectant – dormiunt – audimus – paro – pares – clamas – petit

5 **Forum-Quiz**

Kreuze die richtige Antwort an. Das Lösungswort ist der Name des runden Platzes auf dem Forum, auf dem sich die Römer ursprünglich versammelten: ___ ___ ___ ___ ___ ___ ___ ___

1 In der ***curia***		
verkaufen Händler Gemüse.	☐	*R*
finden die Versammlungen des Senats statt.	☐	*C*
werden Kranke behandelt.	☐	*P*

2 Die ***rostra*** ist		
die Rednertribüne.	☐	*O*
das Rathaus.	☐	*I*
ein uralter Tempel.	☐	*R*

3 Der **Tempel der Concordia** ist der Tempel der Göttin,		
die das friedliche Zusammenleben schützt.	☐	*M*
bei der die Senatoren sich Rat holen.	☐	*T*
zu der die Sport treibenden Römer beten.	☐	*A*

4 Im Unterbau des **Saturn-Tempels** wird		
der Staatsschatz aufbewahrt.	☐	*I*
das heilige Feuer gehütet.	☐	*Z*
Wein gelagert.	☐	*O*

5 In den ***tabernae*** vor der ***basilica Aemilia***		
kann man sich ausruhen.	☐	*N*
kann man einkaufen.	☐	*T*
kann man schwimmen.	☐	*A*

6 Der **Vesta-Tempel**		
hat zwei riesige Säulen.	☐	*P*
ist Caesar geweiht.	☐	*D*
ist rund.	☐	*I*

7 Der **Kastor-und-Pollux-Tempel** ist		
zwei Brüdern geweiht.	☐	*U*
ein Ehrenbogen.	☐	*I*
von Caesar erbaut.	☐	*O*

8 In der ***basilica Iulia***		
finden Wettkämpfe statt.	☐	*P*
wohnen die Vestalinnen.	☐	*O*
finden Gerichtsprozesse statt.	☐	*M*

1 Suche Verbformen heraus, die im Imperativ Singular und Plural stehen, und trage sie mit Übersetzung in die Sprechblasen ein.

defendite – exspecta – quaere – nauta – valde – videte – certe – iudici – verba – multi – pugnate – unde – responde – paretis – audi – sedes

W 2 Stelle aus den deutschen Silben die Bedeutungen der lateinischen Vokabeln zusammen. Für ein lateinisches Wort fehlt die deutsche Bedeutung. Nenne sie.

all – be – de – di – Er – fe – fen – füh – gen – gen – güns – hi – Hil – käm – mann – Mut – nab – pfen – ren – rig – See – sie – stür – tei – ter – tig – trau – über – ver – weg – Waf – zen

defendere		maestus	
ubique		abducere	
mater		secundus	
pugnare		terra	
arma		superare	
praecipitare		solus	
nauta		auxilium	

G 3 Sortiere die Wörter in der Grundform in den richtigen Kasten ein.

oratoris – novis – magnis – dicitis – navis – pugnatis – armis – amoris – laetis – navigatis – matris – multis – clamoris – clamatis – aliis – signis – secundis – bonis

Substantive	Adjektive	Verben

4 Rund ums Mittelmeer

Trage die in der Karte fehlenden Namen der römischen Provinzen ein. Dein Lateinbuch oder ein historischer Atlas kann dir dabei weiterhelfen.

Aegyptus - Africa - Asia - Dalmatia - Gallia Narbonensis -
Hispania - Iudaea - Macedonia - Mauretania - Syria

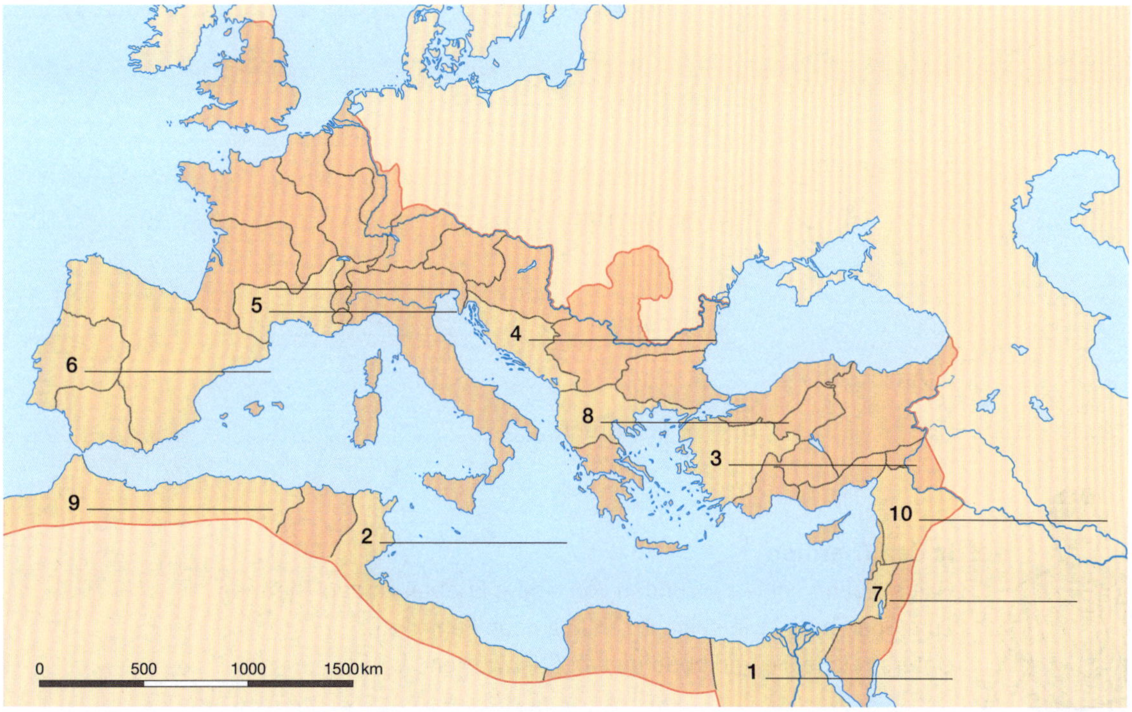

5 Übersetze den Text zunächst mündlich.

Wende bei den Sätzen in Z. 3, 6 und 8–9 wie im Beispiel in Z. 1 die Pendelmethode an.

Piratenüberfall

<u>Pīrātae</u> ad īnsulam Crētam nāvigant.

Laetī nōn sunt, nam ventus secundus nōn est.

<u>Subitō</u> pīrāta clāmat: „<u>Nōn procul</u> nāvem aliēnam videō.“

Statim magister[1] pīrātārum: „Audīte, amīcī, appropinquāte nāvī! Properāte!“

Dum magister[1] pīrātās incitat, pīrātae gaudent et praedam[2] cōgitant.

<u>Tandem</u> nāvī appropinquant, <u>tum</u> in nāvem trānsiliunt[3] et nautās petunt.

Māgnus est furor et clāmor hominum: „Dēfendite nāvem! Necāte pīrātās!“

<u>Sed pīrātae</u> nautās superant; multōs hominēs necant,
aliōs in nāvem pīrātārum abdūcunt, praedam[2] sūmunt.

Nunc valdē gaudent, nam praeda[2] māgna est.

1) **magister** *(hier)*: Kapitän 2) **praeda, -ae f:** Beute 3) **trānsilīre:** (hinüber)springen

W **1** Achte auf den Unterschied in der Bedeutung der Verben, übersetze die Sätze und unterstreiche den Unterschied im deutschen Satz.

1. Quintus amicam → spectat. ______ / → exspectat. ______

2. Servus donum → portat. ______ / → apportat. ______

3. Amici cito → currunt. ______ / → accurrunt. ______

2 In den Thermen

Gaius erzählt seinen Freunden von einem Erlebnis in den Thermen. Zum Spaß baut er in seine Erzählung neun Fehler ein. Unterstreiche sie und berichtige in Stichworten.

„Stellt euch vor, heute sind einem Senator die Kleider geklaut worden. Wahrscheinlich war der Bademeister, der ja sonst immer auf die Kleider aufpasst, für ein paar Minuten weggegangen. Ich war zuerst im *tepidarium* gewesen, da war auf 80 °C geheizt, das war mir zu heiß. Deshalb bin ich ins *laconicum* gegangen, um in eine kalte Wanne zu steigen. Danach stand ich gerade unter der Dusche, als ich das Geschrei hörte. Barfuß rannte ich dorthin – man darf ja in den Thermen keine Schuhe tragen. Der Senator stand im *frigidarium*, wo man seine Kleidung ablegt, und schimpfte: ‚Ich war nur kurz in der *natatio*, um ein Buch zu lesen, und schon sind meine Kleider verschwunden!‘ Der Bademeister kam angelaufen und meinte: ‚Aber in die Thermen kommen doch keine Diebe; bei den hohen Eintrittspreisen lohnt sich das doch nicht.‘ Ich bot ihm an, zu seinem Haus zu eilen, um ihm neue Kleidung bringen zu lassen; eigentlich wollte ich ja noch in der *palaestra* eine Runde schwimmen, aber der Senator konnte ja schließlich nicht nackt durch Rom gehen, oder?“

3 Entscheide, ob diese Aussagen über den Ablativ stimmen.

	stimmt	*stimmt nicht*
1. Im Deutschen gibt es keinen Kasus „Ablativ“.	☐	☐
2. In der a-Deklination sieht Abl. Sg. aus wie Nom. Sg.	☐	☐
3. Die Präpositionen *cum* und *sine* stehen mit Ablativ.	☐	☐
4. In der konsonantischen Dekl. sind Dat. und Abl. Sg. gleich.	☐	☐
5. Im Plural aller Deklinationen sind Dativ und Ablativ gleich.	☐	☐
6. Den Ablativ übersetzt man immer mit dem Dativ.	☐	☐

4 Gib dem Text – vor oder nach dem Übersetzen – eine passende lateinische oder deutsche Überschrift.

____

Quīntus cum Flāviā in forō Rōmānō ambulat. Subitō valdē gaudet et dīcit: „Vidē, amīca, ibī sunt Gāius et Lūcius. Lūdunt. Properā!“ Dum Quīntus ad amīcōs currit, Flāvia accēdere cessat. Diū ante tabernam[1] stat, nam māgnā cum voluptāte ōrnāmenta[2] spectat. Itaque Quīntus iterum clāmat: „Venī, Flāvia! Quid est? Num amīcōs timēs?“ Amīcī rīdent, sed Flāvia maesta est. Tandem Quīntus sine amīcīs Flāviae appropinquat et rogat: „Cūr hīc manēs? Quid in tabernā[1] spectās? Placentne tibī ānulī[3]?“ Prīmō Flāvia tacet. Tum: „Valdē mihī placent.“ Et Quīntus animam continet.

1) **taberna, -ae** f: Laden 2) **ōrnāmentum, -ī** n: Schmuck(stück) 3) **ānulus, -ī** m: Ring

G **5** *Ubi est Quintus?* Das erfährst du, wenn du herausgefunden hast, wo die anderen sind, die mit ihrem Namensschild gekennzeichnet sind.
Kombiniere mithilfe der Zeichnung Subjekt mit Adverbiale und Prädikat.

1. Titus	cum amica	properat.
2. Lydia	ex basilica[1]	iacet.
3. Medicus	in foro	currit.
4. Pater	in basilicam[1]	sedet.
5. Iulia	ex templo[1]	venit.
6. Orator	sine mente	ambulat.
7. Consul	ad oratorem	ludit.
8. Quintus	ante templum[1]	intrat.

G 1 Setze aus der Auswahl passende Adverbialien ein und übersetze die Sätze.

de fortuna – prima luce – in villa – cum amicis – magna cum voluptate – magna voce – in periculo – sine amica

Subjekt	Adverbiale	Prädikat

1. Quintus ______________________ ambulat.

____

2. Avus ______________________ cogitat.

____

3. Amici ______________________ ludunt.

____

4. Homines ______________________ conveniunt.

____

5. Orator ______________________ dicit.

____

2 Zeige am Text, woran man Quintus' gedrückte Stimmung erkennen kann.

Vorahnung?

Quīntus maestus est, nam Flāvia nōn iam in urbe est. Nunc semper sōlus est et semper in villā sedet. In forō ambulāre nōn placet, cum amīcīs lūdere nōn placet, sine amīcā nihil placet. Lūcius accurrit et Quīntō dīcit: „Quid est, Quīnte? Cūnctī amīcī ante vīllam tē exspectant. Cūr amīcōs nōn convenīs? Semperne dē Flāviā bellā cōgitās? Sed Crētam in īnsulam nunc nāvigat. Amīcī autem hīc sunt. Hodiē forum petimus. Ibī mangō[1] servōs expōnit. Tōtā urbe iam māgnus clāmor est." Et amīcī māgnā vōce Quīntum vocant: „Venī tandem, Quīnte!" Quīntus Lūciō respondet: „Tē bonum amīcum putō. Itaque tibī dīcō: Nōn in forum currere cōgitō, sed in templum[1] Veneris, deae amōris. Saepe in templō[1] sum et sīc ōrō: ‚Māgna dea, dā Flāviae bonam fortūnam!'" Lūcius: „Quid timēs? Flāvia bene[2] valet." Quīntus: „Sperō."

1) **mangō, mangōnis** m: Sklavenhändler 2) **bene**: gut

W 3 Trage die deutschen Bedeutungen in die Kästchen des Kreuzworträtsels ein.
Die Buchstaben in den umrahmten Kästchen ergeben – richtig sortiert – das Lösungswort.

Senkrecht:
1. vox
2. aequus
3. totus
4. convenire
7. fortuna
9. exponere
10. inter
11. hodie
12. natus
14. lux
15. vitium

Waagrecht:
5. emere
6. exemplum
8. urbs
13. servitus
16. sapientia
17. cuncti
18. sperare

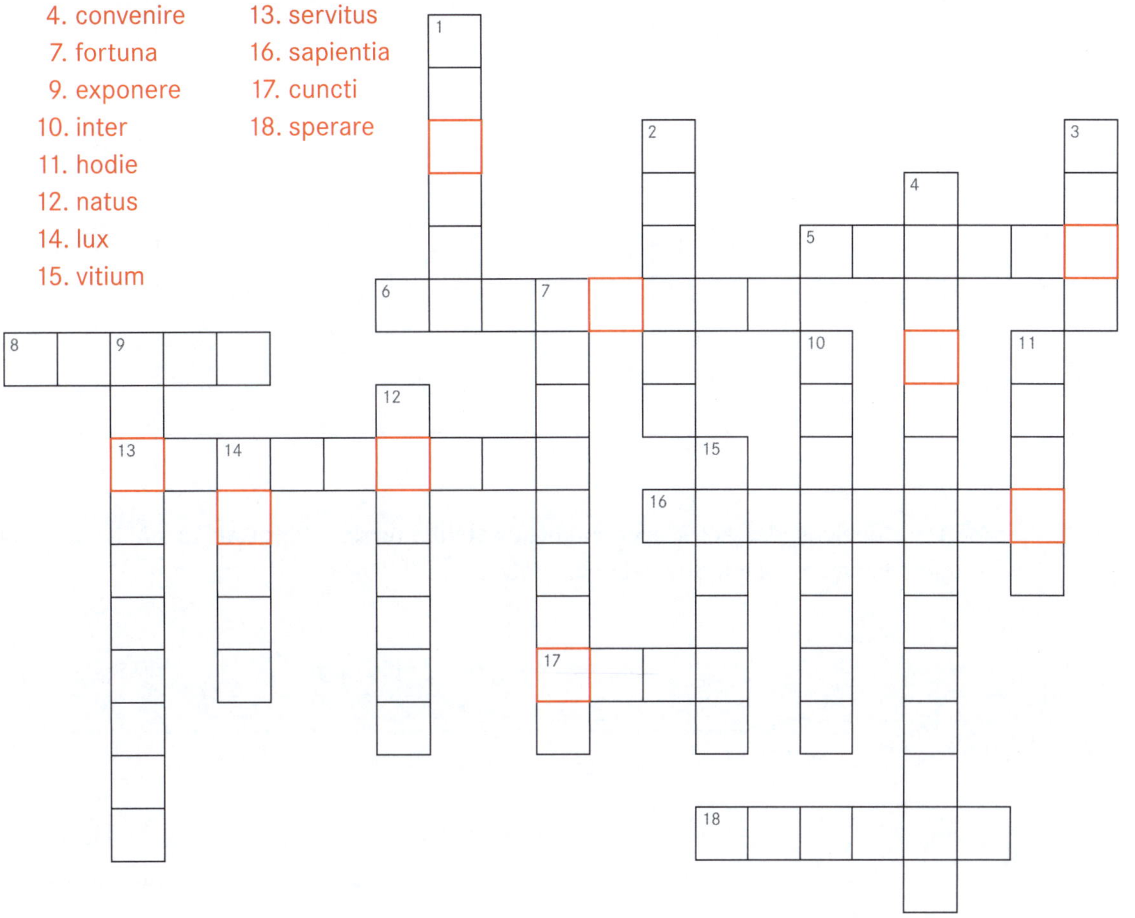

Lösung: ______________________

4 **Sklaven in Rom**
Wähle aus den Zahlen und Begriffen die passenden aus und setze sie in die Lücken ein.

Griechenland – fünfzig – römische – Bürger – Ärzte – Südafrika – freikaufen – consules – fünfundzwanzig – Lehrer – Senatoren – zehn – verkaufen – Germanien – verstehen – Sachen

Von der gesamten Bevölkerung Roms waren ca. ______________________ Prozent Sklaven. Sie stammten z. B. aus ______________________ oder aus ______________________ und arbeiteten in Rom beispielsweise als ______________________ oder als ______________________ .
Rechtlich gesehen waren Sklaven ______________________ ; ihre Herren konnten sie also ______________________ .

G 1 Trage die Substantive im Nominativ Singular in ihre Deklinationsklasse ein.

filios – servas – victori – exempla – patri – auxilio – navem – puero – amici – vocem – reginae – populum – oratorum – agri – mortem – matrem – hominis – medici – armis – servitutis – urbe – virum – vitam – periculorum – clamorum – pugnis

a-Dekl.	o-Dekl. m	o-Dekl. n	Kons. Dekl.

2 Das „Subjekt“ des AcI, das im Akkusativ steht, und das „Prädikat“ des AcI, das im Infinitiv steht, sind hervorgehoben. Übersetze die Sätze.

	Nemo				putat.
		equos	epistulas	legere	
1.	Niemand glaubt,	dass ______			
		reginam	in agris	sedere	
2.		dass ______			
		reos	iudicem	defendere	
3.		dass ______			
		piratas	nautis dona	dare	
4.		dass ______			

3 Das Kolosseum in Zahlen. Trage die fehlenden Angaben ein.

eingeweiht im Jahr: ______

Zuschauer: ______

Höhe der Statue vor dem Kolosseum: ______

Stockwerke: ______

Höhe: ______

Länge: ______

Breite: ______

Eingänge insgesamt: ______

G 4 Die Schlange hat die Formen von *esse* gefressen!
Markiere sie, schreibe sie heraus und übersetze sie.
Der restliche „Mageninhalt“ ergibt einen Satz. Schreibe ihn auf und übersetze.

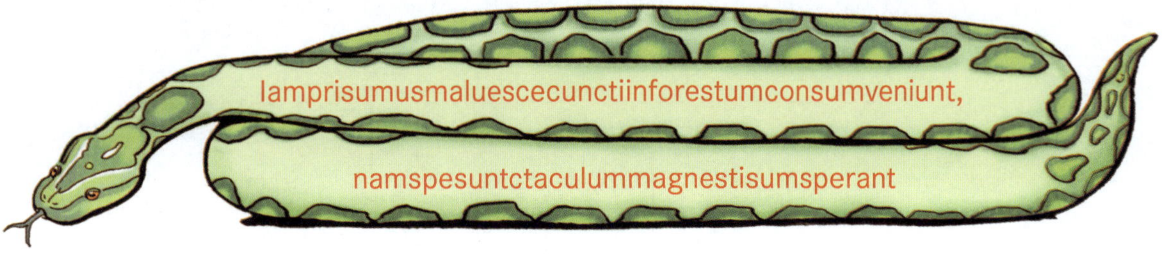

1. P. Sg.	2. P. Sg.	3. P. Sg.	1. P. Pl.	2. P. Pl.	3. P. Pl.
________	________	________	________	________	________
________	________	________	________	________	________

____

____

____

5 Der Text ist ein Gespräch zwischen einem Sklavenhändler (*mango*) und einem Käufer namens Rutilius. Ordne die Äußerungen zu und trage den jeweiligen Sprecher (**m** oder **R**) ein.

Sklavenkauf

1 ______: Appropinquāte, dominī! Emite servās ē Germāniā pulchrās et bellās!
2 ______: Ego servum rōbustum quaerō!
3 ______: Audiō tē servum rōbustum quaerere. Venī mēcum, domine!
4 ______: Hīc vidēs multōs et rōbustōs ē Graeciā, Galliā, Āfricā servōs.
5 ______: Puerī sunt, nōn virī. Neque rōbustī neque asperī sunt.
6 ______: Nōnne rōbustī sunt? Vitiō vacant et valent. Vidē, domine!
7 ______: Quam bonus et dūrus est Glaucōn!
8 ______: Quid dīcis? Videō servum Glaucōnem nōn valēre.
9 ______: Sed scīs mē servum rōbustum et asperum quaerere.
10 Tandem Rutīlius servum rōbustum videt et emit.

W 6 Wähle die richtige deutsche Bedeutung aus und trage sie bei der lateinischen Vokabel ein.
Die markierten Buchstaben ergeben richtig sortiert eine weitere lateinische Vokabel:

___ ___ ___ ___ ___ ___. Nenne ihre deutschen Bedeutungen: ____________________

Le**b**en – Si**e**ger – lin**k**s – el**e**nd – geh**e**n – han**d**eln – Schwer**t** – ha**r**t – sc**h**ön – Kam**p**f – Ma**n**n

cedere	____________	pugna	____________	miser	____________
gladius	____________	victor	____________	asper	____________

1 Die Präsens- und Imperfektformen von *esse* sind „geschüttelt“. Sortiere die Buchstaben und trage die richtigen Formen in die Tabelle ein. In beiden Tempora fehlt eine Form. Ergänze sie in Farbe. Übersetze die Verbformen ins Deutsche.

mesaur | mus | narte | ares | tes | tuns | tessi | eisart | se | mare

	Präsens		Imperfekt	
	lateinisch	deutsch	lateinisch	deutsch
1. Sg.				
2. Sg.				
3. Sg.				
1. Pl.				
2. Pl.				
3. Pl.				

G **2** Beim Übersetzen sind Fehler passiert. Streiche sie an und korrigiere sie.

1. Quis consulem sapientia superat? – Wer übertrifft den Konsul an Menschlichkeit?

2. Nemo deis homines sacrificabat. – Niemand opfert den Göttern Menschen.

3. Galla Flaviam errare putat. – Sie glaubt, dass Galla und Flavia sich irren.

4. Mores barbarorum nemini placent. – Die Sitten der Barbaren gefielen niemandem.

5. Puellam liberam laborare non oportet. – Die Arbeit gefällt dem freien Mädchen nicht.

3 Übersetze den Text zunächst mündlich. Grenze bei den Sätzen in Z. 2–5 wie im Beispiel in Z. 1 die Wortblöcke voneinander ab.

Über die Gallier

[Diū] [C. Iūlius Caesar] [cum Gallīs] [pūgnābat.]

Gallī hominēs rōbustī erant neque mortem horrēbant.

Neque Rōmānīs cēdēbant, etsī iam multī virī mortuī erant.

Māgnō cum clāmōre in pūgnās properābant.

Neque māgna perīcula neque adversāriōs asperōs timēbant, sed sōlum dūram servitūtem.

W 4 Unterstreiche alle Wörter, die eine Person bezeichnen.
Markiere dann mit Farbe die Substantive für weibliche Personen.

adversarius – amica – amicus – arma – avus –
causa – cena – consul – domina – dominus –
femina – filius – fuga – fur – gladius –
imperator – iudex – mala – mater – matrona –
medicus – mos – nauta – nox – nuntius –
oculus – orator – pater – patronus –
pirata – puella – puer – regina – reus –
rex – serva – servitus – servus – urbs –
ventus – victor – vir

G 5 Führe die Formen auf ihre Grundform zurück und trage sie bei ihrer Wortart ein.

puto – liberos – hominis – humanis – statuimus – intrabant – morte – viros – miserorum – lucem – mortuum – dormiebas – agris – urbes – aquarum – matrem – addimus – dextram – curamus – dicimus – imponebamus – rege – laboras – labores – initio – vivo

Substantiv im Nom. Sg.	Adjektiv im Nom. Sg. m	Verb im Infinitiv

6 Gallien-Rätsel

Trage die Lösungen ein. Die gekennzeichneten Buchstaben ergeben als Lösungswort einen bekannten „Gallier". __ __ J __ __ __ __ __

Die Gallier heißen auch … __ __ __ ☐ __ __

Richter, Arzt, Priester usw. der Gallier ist der __ __ __ ☐ __ __

387 v. Chr. griffen die Gallier diese Stadt an: __ __ ☐

Er unterwarf Gallien: __ __ __ ☐ __ __

Ein berühmter Anführer der Gallier heißt: __ ☐ __ __ __ __ __ __ __ __ __ __ ☐

Der Name Provence ist abgeleitet von … __ __ __ __ __ __ __ __ ☐

1 Setze die Person-Zeichen des Perfekts an Perfektstämme, die des Präsens an Präsensstämme und übersetze die Verbformen.

imus | s | tis | t | it | o | istis | erunt | nt | i | mus | isti

1. P. Sg.:	laborav	______	pet		______
2. P. Sg.:	audi	______	habu		______
3. P. Sg.:	spera	______	invas		______
1. P. Pl.:	ris	______	appare		______
2. P. Pl.:	serva	______	trax		______
3. P. Pl.:	mis	______	sede		______

2 Ordne den griechischen Buchstaben ihre Bezeichnungen zu. Wähle aus, denn es sind mehr Bezeichnungen als Buchstaben.

lambda delta kappa iota omega psi beta rho
omikron ny alpha theta phi sigma chi pi

Α α	Β β	Δ δ	Θ ϑ	Ι ι	Λ λ
Ν ν	Π π	Ρ ρ	Φ φ	Χ χ	Ω ω

3 Markiere mit verschiedenen Farben
- die Verbformen und Pronomen der Person, die spricht (1. P. Sg.), und
- die Verbformen und Pronomen der Person, die angesprochen wird (2. P. Sg.).

Quintus träumt

Quīntus: Salvē, Aule! Quam gaudeō tē hīc esse!
Sed dīc mihī: Quid hīc agis? Cūr in Crētā nōn iam es?
Aulus: Crēta mihī nōn placuit. Vītam miseram ibī vīxī.
Scīs mē urbem et spectācula amāre. Sed ibī neque equī neque gladiātōrēs[1] bonī erant.
Quīntus: Itaque dēspērāvistī et ex īnsulā decessistī.
Quid pater dīxit? Tēne Rōmam[1] mīsit?
Aulus: Patrem nōn rogāvī. Nocte dē vīllā cessī et nāvem quaesīvī.
Quīntus: Nōnne nautae causam rogāvērunt? Num tē patre invītō[2] hūc portāvērunt?
Aulus: Sīc est, Quīnte! Certē hospitium mihī praebēs. Tibī grātiam habeō.

1) **Rōmam**: nach Rom 2) **patre invītō**: ohne Einverständnis des Vaters

4 Ergänze die fehlenden Buchstaben in der Konjugation von *esse* und die Übersetzung.

Präsens	Imperfekt	Perfekt
___ u ___	e ___ ___ m	fu ___
e ___	___ ra ___	___ ___ isti
___ ___ t	e ___ a ___	___ ___ i ___
su ___ ___ ___	___ ram ___ ___	___ ___ ___ mu ___
___ ___ ___ is	e___ ___ ___ is	f ___ is ___ ___ ___
___ un ___	___ ___ ___ n ___	___ ue ___ ___ ___ t

	Präsens	Präteritum	Perfekt
ich			
du			
er/sie/es			gewesen
wir			
ihr			
sie			

W 5 Markiere die Wörter, mit denen ein Nebensatz eingeleitet sein kann (Subjunktionen), rot und die Wörter, die Gleichartiges verbinden (Konjunktionen), blau und schreibe die Bedeutung darüber.

autem dum nam enim si etsi

et sed quod neque cum quamquam

G 6 Vergleiche die Verwendung der Vergangenheitstempora im Deutschen und im Lateinischen.

Fuit quondam puella. Puellam cuncti amabant. Aviae[1] autem valde cara[2] erat. Avia[1] puellae cucullum rubrum[3] donavit[4]. Cucullo ornata[5] cunctis placebat. Itaque cuncti puellam vocaverunt Rubrocucullam.

1) **avia, -ae** f: Großmutter 2) **cārus, -a, -um**: lieb
3) **cucullus (-ī) ruber (-brī)**: rotes Käppchen
4) **dōnāre, dōnō, dōnāvī**: schenken
5) **ōrnātus, -a, -um**: geschmückt

Es war einmal ein Mädchen. Das Mädchen hatten alle lieb. Sehr lieb aber war es der Großmutter. Die Großmutter schenkte dem Mädchen ein rotes Käppchen. Mit dem Käppchen (geschmückt) gefiel es allen. Daher nannten alle das Mädchen Rotkäppchen.

a Unterstreiche alle Verbformen im Deutschen. Ihr Tempus ist das ______________________ .

b Markiere die lateinischen Imperfektformen und ihre deutschen Entsprechungen farbig. Das Tempus der lateinischen Verbformen, die du nicht markiert hast, ist das ______________________ .
Erklärung: Im Lateinischen ist die Erzählzeit ______________________ , im Deutschen aber ______________________ . Mit dem ______________________ im Lateinischen wird dagegen der (länger andauernde) Hintergrund für die Geschehnisse dargestellt.

1 **a** Unterstreiche die Perfektstämme rot, die Präsensstämme blau.

abdux- add- audiv- ced- cogitav- col- credid- dix-
dux- edid- eg- expon- flev- lud- mis- mov-
paru- plaus- portav- quaesiv- respond- specta-
stet- supera- terre- tetig- time- trah-

b Umrahme die Verbformen, die sowohl Präsens als auch Perfekt sein können.

descendimus venis verterunt legi emistis statuo defendit
instituit descenditis vertis instituisti legitis defendi venit

W **2** Schreibe die lateinischen Vokabeln zu den Bildern.

A

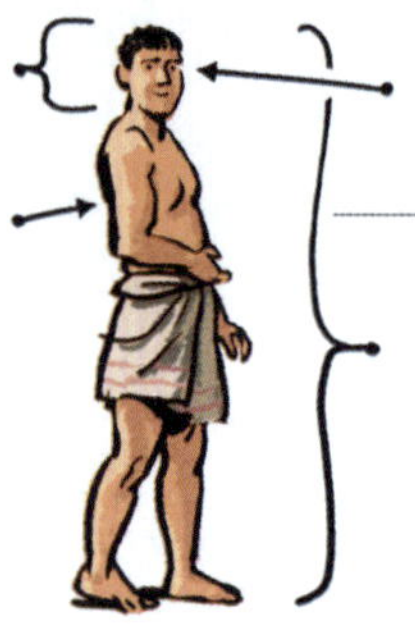

B

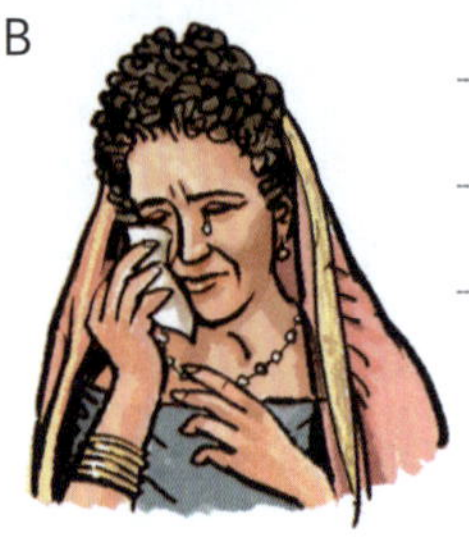

C

G **3** Führe die Substantive auf ihre Grundform zurück und ordne sie ihrem Genus zu.

agros – aram – capita – corporis – exempla – fratri – genera – gladio – hospites – labore – luce – monte – mores – naves – nocte – oris – patri – patrono – piratae – pueris – regum – ~~salutis~~ – saxum – servitutis – signo – sorores – tergo – terras – verbis – viri – vitam – vocibus

Maskulinum	Femininum	Neutrum
	salus,	

4 Götter-Rätsel.

Trage die gesuchten Namen und Begriffe in die Kästchen des Kreuzworträtsels ein. Die Buchstaben in den umrahmten Kästchen ergeben – richtig sortiert – das lateinische Lösungswort.

Waagrecht:

1. die römische Göttin der Weisheit
2. der Gott der Wissenschaften und Kunst
4. So heißt Mars bei den Griechen.
5. ..., Blitz und Adler sind die Kennzeichen Jupiters
6. die Schwester des Zeus
7. Jupiters Ehefrau
9. der kleine Liebesgott der Römer
10. der griechische Name für Venus
12. Apollos Zwillingsschwester
14. Mercurius ist zuständig für ..., Diebe und Reisen.
15. Bei den Römern heißt sie Diana.

Senkrecht:

1. der Götterbote der Römer
3. ein Kennzeichen Apollos
6. Bei den Römern heißt er Mercurius.
8. der griechische Name für den Meeresgott
11. ein heiliges Tier der Juno
13. der oberste Gott der Griechen

Lösung: ______________________

5 Markiere die Stellen im Text, an denen man Quintus' Verzweiflung sehen kann.

Verzweifelt?

Quīntus diū dē fābulā cōgitābat:

„Deucaliōnī et Pyrrhae deōs precibus movēre licēbat. Cūr ego deōs adhūc nōn mōvī? Cūr Iuppiter, quamquam genus hūmānum dēlēre[1] cōgitābat, mentem mūtāvit? Cūr Deucaliōnem et Pyrrham servāre statuit? Certē piī fuērunt et deōs semper coluērunt. Nōnne et ego pius sum? Nōnne deī sciunt mē semper deōs colere et eīs[2] sacrificāre? Cūr deī mē nōn audiunt? Quid eīs[2] nōn placet? Deucaliōnī et Pyrrhae licuit genus hūmānum reparāre[3], cūr mihī Flāviam recipere[4] nōn licet?"

1) **dēlēre**: vernichten, auslöschen 2) **eīs**: ihnen 3) **reparāre**: wiederherstellen
4) **recipere**: zurückbekommen, zurückerhalten

1 Gaius und Lucius (G + L) sprechen mit ihrem Freund Quintus (Q).
Ordne die Sprechblasen den Personen zu. Markiere dazu die Personal-Pronomina.

Tibi nuntium miseramus, sed tu nobis non respondisti. ☐

Vos semper laeti fuistis, ego autem maestus fui. ☐

Numquam nobiscum ludis. ☐

Ludere mihi non placet. ☐

Quid te sollicitat? Cur nos non convenisti? ☐

Cura me sollicitabat, quod tam diu nihil de Flavia audivi. ☐

Nunc mihi scripsit: Auxilium a me petit. ☐

Vos rogo: Date mihi auxilium! ☐

2 Nenne die lateinischen Begriffe zum Thema „Schreiben in der Antike".
Diese Buchstaben brauchst du:

a c d ~~e~~ e e i i l l l m
n o o p s s s t t u u u v x

Brief e _ _ _ _ _ _ _

Buchrolle _ _ _ _ _ _ _

Griffel _ _ _ _ _ _

Päckchen aus Wachstafeln _ _ _ _ _

W 3 Führe die Formen auf ihre Grundform zurück und gib deren deutsche Bedeutung an.

miseramus → ______ ______

cognovit → ______ ______

das → ______ ______

egerunt → ______ ______

miseros → ______ ______

iura → ______ ______

vim → ______ ______

genere → ______ ______

salutem → ______ ______

tetigi → ______ ______

virum → ______ ______

regum → ______ ______

4 Diesen Grabstein hat man in Köln gefunden.

Die Übersetzung der Zeilen 1 und 2 ist gegeben.
Übersetze die Zeilen 3 und 4.

Gaius Aiacius, Sohn des Publius,

aus der tribus (Bürgerabteilung) Stellatina, Sklavenhändler,

____

____

G 5 Stelle aus den Bestandteilen die lateinischen Verbformen zusammen.

Präsensstamm:	ambula- audi- fle- labora- leg- tace-
Perfektstamm:	cognov- ded- defend- interrogav- oppress- scrips-

Tempus-Zeichen:	-ba- -ba- -ba- -era- -era- -era-

Person-Zeichen:	-nt -t -tis -o -s -isti -mus -it -i -mus -nt -tis

1. ich habe gefragt ______________
2. sie hatten erkannt ______________
3. sie ging spazieren ______________
4. du weinst ______________
5. ihr hattet gegeben ______________
6. sie schwiegen ______________
7. ihr hört ______________
8. wir arbeiteten ______________
9. ich lese ______________
10. sie hat überfallen ______________
11. du hast geschrieben ______________
12. wir hatten verteidigt ______________

6 Unterstreiche die Wörter im Text, an denen zu erkennen ist, dass für Quintus etwas Positives geschieht.

Endlich!

Quīntus epistulam Flāviae iterum et iterum legēbat. Quam laetus erat, quam gaudēbat! Deī precēs audīverant, fortūnam amīcae in bonum verterant. Flāvia mortua nōn erat. Servīre dēbēbat, sed vīvēbat. Tum Quīntus citō ad bibliothēcam[1] cucurrit, ubī pater sedēbat et scrībēbat. „Audī, pater! Nūntium bonum et iūcundum tibī apportō: Cognōvī Flāviam adhūc vīvere. Contrā iūs serva est. Statim in Galliam properāre dēbēmus.“ Tum Domitius: „Quid dīcis, Quīnte? … Ō dī māgnī! Grātiam vōbīs agimus.“

1 Ergänze den jeweils fehlenden Infinitiv Präsens bzw. Perfekt.

Infinitiv Präsens	Infinitiv Perfekt
	misisse
tenere	
	descendisse
frangere	
	movisse
agere	

Infinitiv Präsens	Infinitiv Perfekt
scribere	
	coluisse
ponere	
	tetigisse
currere	
	cognovisse

2 In diesem Text unterhalten sich Quintus (Q) und Aulus (A).
Ordne die Aussagen den beiden Personen zu und schreibe den Sprecher davor.

Nachricht von Flavia

Quīntus per forum ambulābat, cum subitō Aulus appropinquāvit et iam procul clāmāvit:

____: Salvē, Quīnte!

____: Audīvī Flāviam tibī epistulam scrīpsisse.

____: Quam gaudeō amīcam in Galliā servam esse!

____: Quid audiō?

____: Gaudēsne amīcam in servitūte esse?

____: Nōnne scīs pīrātās Flāviam abdūxisse?

____: Certē sciō. Haud bene dīxī.

____: Gaudeō Flāviam adhūc vīvere neque mortuam esse.

____: Sīc licet eam[1] ā dominō Gallō redimere[1].

____: Nōs profectō in Galliam properāre cōgitāmus.

____: Bene, amīce! Nunc cēdere dēbeō, nam tempus cēnae est.

____: Priusquam cēdis, dīc mihī:

____: Unde scīs pīrātās nāvem frēgisse et dominum Gallum Flāviam ēmisse?

____: Num īgnōrās Sulpiciam tōtā urbe cūnctīs hominibus dē sorte Flāviae nārrāvisse[2]?

____: Dī māgnī! Pater mātrem dē Flāviā tacēre iussit.

1) **eam redimere**: sie frei(zu)kaufen 2) **nārrāre dē**: erzählen über/von

W 3 Zu diesen Substantiven kennst du bereits die Verben. Trage sie mit ihrer Übersetzung ein.

pugna → ____________ - ____________
amor → ____________ - ____________
clamor → ____________ - ____________
sacrum → ____________ - ____________
orator → ____________ - ____________
navis → ____________ - ____________
vox → ____________ - ____________
spectaculum → ____________ - ____________

W 4 Schreibe für alles, was du siehst, die lateinische Vokabel dazu.

G 5 Entscheide, ob in den Sätzen ein Infinitiv oder ein AcI vorliegt, und übersetze. *Tipps zum Vorgehen:* Unterstreiche zuerst den Infinitiv. Prüfe dann: Gibt es ein „Subjekt" im Akkusativ dazu (eine Person, die die im Infinitiv genannte Handlung ausführt)? Falls ja, liegt ein AcI vor.

1. Legere cunctis hominibus placet. Infinitiv AcI
2. Multos homines cum voluptate legere putamus. Infinitiv AcI
3. Dominus servos in foro lusisse audivit. Infinitiv AcI
4. Dominus: „Servis non licet in foro ludere." Infinitiv AcI
5. Consules per forum ambulare audivimus. Infinitiv AcI
6. Consules per forum ambulare solent. Infinitiv AcI

6 Dieser Reisebericht enthält einige Fehler. Streiche sie rot an und berichtige sie.

Gestern Abend sind wir in *Brundisium* angekommen, drei Tage nachdem wir aus Rom abgereist waren. Da man zu Fuß ja nur 30–40 km am Tag zurücklegen kann, haben wir den Reisewagen genommen. Die *Via Claudia*, auf der wir gefahren sind, ist gut ausgebaut: Alle 100 Meilen findet man eine Raststation und viele Meilensteine zeigen die Entfernung an. Der Name *Via Claudia* stammt übrigens vom Konsul Appius Claudius Caecus, der sie im Jahr 12 v. Chr. angelegt hat. Nächste Woche fahren wir auf der *Via Appia* wieder zurück nach Rom. Ich freue mich schon auf das Übernachten im Zelt.

1 In den folgenden Sätzen fehlt das Possessiv-Pronomen. Wähle ein in Bedeutung und KNG passendes Possessiv-Pronomen aus und übersetze die Sätze.

meos | suis | nostra | meas | suum | nostro | tuis

1. Amicas ______________ salutavi, non amicas sororis.

____

2. De patre ______________ diximus, non de patre amicorum.

____

3. Domina servis ______________ labores imponit, non servis consulis.

____

4. Tune cum filiis ______________ per forum ambulabas, non cum filiis iudicis?

____

5. Amici patronum ______________ rogaverunt, non patronum avi.

____

6. Equos ______________ quaero, non equos fratris.

____

7. Verba ______________ audire debetis, non verba regis.

____

2 **Theaterspiel in Rom**
Vervollständige den Lückentext.

Masken – Pantomimen – Hände – Sagenwelt – griechischen –
Tag – Öffnungen – Frauen – Sänger – Winter

In Rom werden Theaterstücke nur am ______________ und nicht im ______________ aufgeführt. Zur Zeit des Kaisers Hadrian werden vor allem Stoffe aus der griechischen und römischen ______________ von einem stummen Tänzer, dem ______________ , dargestellt. Dazu trägt ein ______________ oder ein Chor unter Orchesterbegleitung den meist ______________ Text vor. Der Pantomime spielt mit verschiedenen ______________ alle Rollen, auch die von ______________ . Dabei stellt er die Handlung nur durch die Bewegungen seines Körpers, besonders seiner ______________ , und mit seinen Augen dar. Diese sind durch weite ______________ in den Masken gut sichtbar.

G 3 Sortiere die Adjektive ihrer Deklinationsklasse zu. Trage sie im Nom. Sg. m/f/n ein.

graves – novos – facili – pulchrum – acria – felices – boni – certa – omnium – longo – grandi – miseram – brevem – pii – malo

a-/o-Deklination:

Konsonantische Deklination:

W 4 Schreibe zu allen Adjektiven ihre Bedeutungen und markiere das Adjektiv, das von der Bedeutung her zu dem Substantiv passt.

1. cura	felix		gravis		pia	
2. fortuna	mortua		dextra		misera	
3. puer	brevis		sinister		robustus	
4. gladius	liber		acer		asper	
5. arbor	facilis		aequa		alta	

5 Vergleiche die Übersetzung mit dem lateinischen Text und korrigiere die Fehler.

In Gedanken

Aufidius sē facilem praebuerat et Domitiō ambās puellās cesserat. Tum frāter Domitiī omnēs in vīllam suam arcessīvit. Ibī cēna grandis parāta erat. Quīntus simulāvit sē spectāculō gaudēre, dum sēcum cōgitat: „Tandem Flāviam fēlīcem esse videō. Prō certō habeō amīcam fortūnam gravem sustinuisse. Certē valdē gaudet sē nunc līberam esse.“ Flāvia sēnsit Quīntum neque Herculem neque māla aurea spectāre. Oculōs in amīcum vertit et rīsit.

Übersetzung mit Fehlern

Aufidius hat sich zugänglich gezeigt und Domitius die Mädchen überlassen. Dann holte Domitius alle in das Haus seines Bruders. Dort war ein schweres Essen vorbereitet. Quintus täuschte vor, das Schauspiel zu sehen, während er bei sich dachte: „Endlich sieht Flavia glücklich aus. Ich weiß sicher, dass meine Freundin ein schweres Schicksal aushält. Sicher freut sie sich sehr, weil sie jetzt frei ist.“ Flavia merkt, dass Quintus weder Herkules noch die Äpfel anschaut. Der Freund wendete seine Augen und lachte.

1 **a** Trage die fehlenden deutschen Formen zu *is, ea, id* als Personal-Pronomen ein.

sie – es – ihr – sie – ihnen – sie – er – sie – ihm – sie – ihn

ii	
id	
eos	
ei	
iis	
eam	
ea	
is	
eum	
eas	
ei	

b Setze das passende lateinische Pronomen ein und übersetze die jeweils zweiten Sätze.

1. Ibi sedet Flavia. ________ video. ________
2. Ibi stat Quintus. ________ video. ________
3. Quis nunc intrat? ________ est pater Quinti. ________
4. Quintus felix est. Nam pater Flaviam ________ spopondit. ________
5. Cur hospites gaudent? Cena grandis ________ parata est. ________

W **2** Verbinde die Vokabeln durch Linien mit einer passenden Stelle der Zeichnung.

triclinium[!] hospes iacere servus serva cena

cenare aqua vinum cibus malum

G 3 Markiere den „Besitzer“ des unterstrichenen Possessiv-Pronomens und übersetze.

1. Neque patrem meum neque patrem amicae videmus. Ego patrem meum quaero, amica patrem suum quaerit. ______________________________

____

2. Quintus per forum ambulat. Marcum et amicos eius convenit. ______________________________

____

3. Amicae me in villa sua exspectant. Cito ad villam earum curro. ______________________________

____

W 4 Setze aus den Silben die deutschen Bedeutungen zusammen. Drei Silben bleiben übrig: Setze sie zu einer deutschen Bedeutung zusammen und ergänze die lateinische Vokabel.

ab – an – an – aus – chen – den – den - den - ei – end – es – fah – fort – ge – ge – ge - lich – mein – net – ni – re – reich – ren – sam – sen – spre – ver – wen – zahl – zeich – zün

demum ______________	frequens ______________
complures ______________	avertere ______________
promittere ______________	communis ______________
appellare ______________	incendere ______________
pergere ______________	cenare ______________
Lösung: ______________	______________

5 Arbeite aus dem Text heraus, wie Juno bezeichnet wurde und wofür sie zuständig war.

Iūnō, dea fēminārum

Quis nescit Iūnōnem rēgīnam deārum et uxōrem Iovis fuisse? Omnēs fēminae eam colēbant, quod ea dea familiās prōtegēbat[1]. Mātrōnae sīc ōrāre solēbant: „Ō Iūnō, rēgīna caelī, dā mihī et līberīs[2] meīs bonam fortūnam. Averte perīcula ā nōbis!“ Puellae autem eam appellābant, cum marītum[3] sibī quaerēbant. Praetereā fēminae praegnantēs[4] āram eius ōrnābant[5] et eī sacra prōmittēbant, quod auxilium eius spērābant. Fortūnam autem Iūnōnī nōn fāvisse scīmus, nam dea saepe Iovem, marītum[3] suum, in caelō nōn invēnit: Is in terrās dēscenderat, quod nōn sōlum uxōrem suam, sed etiam aliās fēminās amābat et eās in vīllīs eārum aut ad mare conveniēbat .

1) **prōtegere**: beschützen 2) **līberī, līberōrum** m: Kinder 3) **marītus, -ī** m: Ehemann 4) **praegnāns, praegnantis**: schwanger 5) **ōrnāre**: schmücken

In den Selbsttests kannst du überprüfen, wie sicher deine Kenntnisse und Fähigkeiten sind:
Im Bereich **Vokabeln** prüfst du dich darin,

- die deutschen Bedeutungen zu nennen,
- bei Substantiven das Genus (ab L. 1) und den Genitiv Sg. (ab L. 3) und
- bei Verben die Stammformen zu kennen (ab L. 2: 1. P. Sg. Präsens; ab L. 11: 1. P. Sg. Präs. + Perf.),
- Vokabeln im Satzzusammenhang zu erkennen und zu übersetzen.

Im Bereich **Grammatik** prüfst du dich darin,

- grammatische Fachbegriffe zu verstehen und zu verwenden,
- Formen zu erkennen, zu benennen, einzuordnen, zu bestimmen und zu bilden,
- satzwertige Konstruktionen zu erkennen und im Deutschen wiederzugeben.

Im Bereich **Text** prüfst du dich darin,

- Aussagen eines lateinischen Textes zu verstehen,
- über die Bedeutung von Vokabeln im Kontext zu entscheiden,
- Formen im Satzzusammenhang zu erkennen,
- passende Formulierungen im Deutschen zu verwenden.

Im Bereich **Kultur** prüfst du dich darin,

- Wissen über Themen der Antike anzuwenden,
- Fachbegriffe zu verstehen und zu verwenden,
- die Bedeutung der römischen Antike für die heutige Welt zu zeigen.

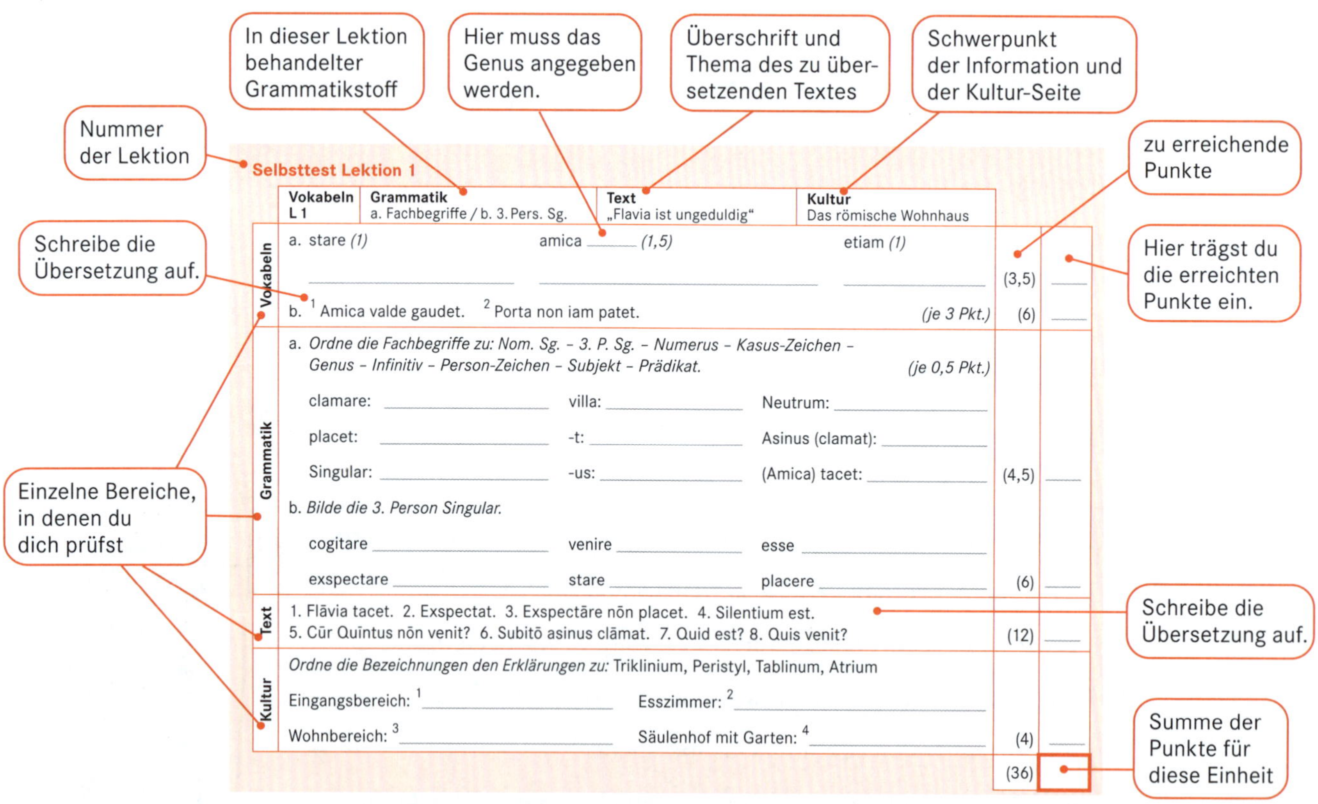

Tipps zum Vorgehen:

- Schau dir vor deiner Selbstüberprüfung den behandelten Stoff noch einmal gründlich an.
- Fülle den Test konzentriert und zügig aus.
- Kontrolliere deine Ergebnisse sorgfältig und werte sie nach den vorgegebenen Punkten aus.
- Informiere dich bei Unsicherheiten in der jeweiligen Lektion deines Cursus und deiner Begleitgrammatik.

Eine Übersicht über die Themen aller Selbsttests findest du auf Seite 48.

Zur Auswertung deiner Selbsttests 1–16:

- Rechne dir für jede richtige deiner Angaben einen Punkt an, wenn in der Aufgabe nichts anderes vorgegeben ist.

- Bei der Übersetzung ziehst du dir von der Gesamtzahl der Punkte je einen halben Punkt ab für jeden Vokabel- oder Grammatikfehler. Wenn du bei der Wertung eines Fehlers nicht sicher bist, kannst du bestimmt deine Lateinlehrerin oder deinen Lateinlehrer fragen.

- Korrigiere sorgfältig und informiere dich, wenn dir eine Lösung nicht gleich klar ist. Wenn du beim Lösen einer Aufgabe Schwierigkeiten hattest oder du dich unsicher fühltest, wiederhole den im jeweiligen Bereich angegebenen Stoff. Du findest alle Informationen in deinem Cursus und deiner Cursus-Begleitgrammatik.

- Schaffe dir die Möglichkeit, das, was du persönlich üben und wiederholen musst, schriftlich festzuhalten:
  - Vokabeln aus der Vokabel- und Textaufgabe, bei denen du nicht sicher warst,
  - Formen aus der Grammatik- und Textaufgabe, die du nicht gleich erkannt oder nicht richtig übersetzt hast,
  - Fachbegriffe und Informationen aus der Aufgabe zur Kultur, bei denen du unsicher warst.

- Notiere auch die richtigen Lösungen so, dass du damit regelmäßig üben und wiederholen kannst, indem du sie z. B. abdeckst.

- Die Punkteauswertung zeigt dir, in welchen Bereichen du sichere Kenntnisse und Fähigkeiten hast. An der Gesamtpunktzahl kannst du dein Ergebnis ablesen:

Gesamt-punktzahl	Das ist das Ergebnis deines Selbsttests:	Das kannst du daraus für deine weitere Arbeit mit dieser Lektion schließen:
36–32	Du hast hohe Sicherheit in allen vier Bereichen.	Kläre die Stellen, an denen dir Punkte fehlen.
31,5–27,5	Du bist ziemlich sicher in allen Bereichen oder in drei Bereichen recht sicher.	Schau dir die Stellen, an denen dir Punkte fehlen, genauer an, und wiederhole das Thema.
27–23	Du bist sicher in einigen Teilen, unsicher in anderen.	Überprüfe, ob dir in allen Bereichen Punkte fehlen oder in einem Bereich sehr viele. Übe und wiederhole dann entsprechend.
22,5–18,5	Du hast Sicherheit nur bei etwas mehr als der Hälfte der Aufgaben.	Überprüfe, worin deine Unsicherheiten liegen. Informiere dich über diese Themen und mache einige Übungen aus deinem Buch dazu.
18–9	Du hast zu wenig Sicherheit in mindestens zwei Bereichen oder mehrere Unklarheiten in allen.	Wiederhole systematisch alle Bereiche der Lektion, indem du dich informierst und ausführlich übst. Trainiere einige Tage lang.
8,5–0	Du hast viel zu wenig Sicherheit in allen oder gar keine Sicherheit in mindestens drei Bereichen.	Wiederhole Grundlagen und die Themen dieser Lektion. Sprich mit deiner Lehrerin/deinem Lehrer über ein passendes Trainingsprogramm.

Selbsttest Lektion 1

Vokabeln L 1	Grammatik a. Fachbegriffe / b. 3. Pers. Sg.	Text „Flavia ist ungeduldig“	Kultur Das römische Wohnhaus

Vokabeln	a. stare *(1)* ________ amica ________ *(1,5)* ________ etiam *(1)* ________	(3,5)	____
	b. [1] Amica valde gaudet. [2] Porta non iam patet. *(je 3 Pkt.)*	(6)	____
Grammatik	a. *Ordne die Fachbegriffe zu: Nom. Sg. – 3. P. Sg. – Numerus – Kasus-Zeichen – Genus – Infinitiv – Person-Zeichen – Subjekt – Prädikat.* *(je 0,5 Pkt.)* clamare: ________ villa: ________ Neutrum: ________ placet: ________ -t: ________ Asinus (clamat): ________ Singular: ________ -us: ________ (Amica) tacet: ________	(4,5)	____
	b. *Bilde die 3. Person Singular.* cogitare ________ venire ________ esse ________ exspectare ________ stare ________ placere ________	(6)	____
Text	1. Flāvia tacet. 2. Exspectat. 3. Exspectāre nōn placet. 4. Silentium est. 5. Cūr Quīntus nōn venit? 6. Subitō asinus clāmat. 7. Quid est? 8. Quis venit?	(12)	____
Kultur	*Ordne die Bezeichnungen den Erklärungen zu:* Triklinium, Peristyl, Tablinum, Atrium Eingangsbereich: [1] ________ Esszimmer: [2] ________ Wohnbereich: [3] ________ Säulenhof mit Garten: [4] ________	(4)	____
		(36)	

Selbsttest Lektion 2

Vokabeln L 2	Grammatik a. Nom. Pl. / b. 3. Pers. Plural	Text „Die Ankunft“	Kultur Namen und Kleidung

Vokabeln	a. properare *(1)* ________ matrona ________ *(1,5)* ________ nam *(1)* ________	(3,5)	____
	b. [1] Tum amici rident. [2] Tandem servae apparent. *(je 3 Pkt.)*	(6)	____
Grammatik	a. *Bilde den Nominativ Plural.* equus ________ familia ________ malum ________ matrona ________ servus ________	(5)	____
	b. *Nenne die Konjugationsklasse (je 0,5 Pkt.) und bilde die 3. Person Plural (je 1 Pkt.)* delectare: ________ – ________ venire: ________ – ________ gaudere: ________ – ________	(4,5)	____
Text	1. Quīntus gaudet, nam Flāvia appāret. 2. Etiam Aulus et Mārcus veniunt. 3. Quid apportant? 4. Certē dōna sunt. 5. Nunc M. Flāvius Lepidus et Caecilia mātrōna appropinquant. 6. Quīntus iam procul salūtat: „Salvēte!“ 7. Et M. Flāvius Lepidus: „Salvē, Quīnte!“	(13)	____
Kultur	*Setze die fehlenden Wörter ein.* *(je 0,5 Pkt.)* Der Vater ist das Oberhaupt der Familie, pater [1] ________. Flavias Vater hat drei Namen: einen [2] ________: Marcus, einen Familiennamen: Flavius, und einen [3] ________: Lepidus. Ihr Großvater, der Vater ihrer Mutter Caecilia, heißt [4] ________. Wenn Flavia eine jüngere Schwester hätte, dann hieße diese [5] ________. Männer trugen eine kurzärmelige [6] ________ und bei besonderen Anlässen die [7] ________. Frauen trugen als Oberbekleidung ein langes, schlichtes Kleid, die [8] ________.	(4)	____
		(36)	

Selbsttest Lektion 3

Vokabeln L 3	Grammatik a. Akkusativ / b. Person-Zeichen	Text „Flavia denkt an Kreta“	Kultur Das Römische Reich

Vokabeln

a. parere, ____ *(1,5)* periculum ____ *(1,5)* nihil *(1)*

____ ____ ____ (4) ____

b. 1 Ego nuntium audio. 2 Tibi provinciam administrare licet. *(je 3 Pkt.)* (6) ____

Grammatik

a. *Bilde Akkusativ Singular und Plural.* *(je 0,5 Pkt.)*

amicus: ____ / ____ familia: ____ / ____

donum: ____ / ____ nuntius: ____ / ____ (4) ____

b. *Markiere das Person-Zeichen und nenne die Person.* *(je 0,5 Pkt.)*

iubes ____ rogamus ____ audiunt ____

voco ____ respondet ____ paratis ____ (6) ____

Text

1. Flāvia: „Nōn gaudeō, nam in īnsulam Crētam nāvigāre mihī nōn placet. 2. Cūr in īnsulam Crētam nāvigāre dēbēmus? 3. Hīc sunt amīcī, hīc est Quīntus. 4. Cūr rīdētis, Mārce et Aule? 5. Hadriānus Flāvium Lepidum exspectat, mē nōn exspectat.“ (12) ____

Kultur

Nenne *(je 0,5 Pkt.)*

1 vier Länder, die zum Röm. Reich gehörten: ____ ____ ____ ____

2 den heutigen Namen von Augusta Treverorum: ____

3 das deutsche Lehnwort zu: murus - ____, crux - ____, speculum - ____ (4) ____

(36) ____

Selbsttest Lektion 4

Vokabeln L 4	Grammatik a. Deklinationen / b. Genitiv	Text „Flavias Freundinnen“	Kultur Circus Maximus

Vokabeln

a. clamor, ____ ____ ____ (2) ____

initium, ____ ____ ____ (2) ____

diu ____ (1) ____

b. 1 Tandem signum dat. *(3)* 2 Ibi avus sedet. *(2)* (5) ____

Grammatik

a. *Nenne den Nom. Sg. und die Deklinationsklasse.* *(je 0,5 Pkt.)*

asini ____ ____ consules ____ ____

verba ____ ____ insulae ____ ____ (4) ____

b. *Bilde Genitiv Singular und Plural.* *(je 0,5 Pkt.)*

populus: ____ / ____ dea: ____ / ____

rex: ____ / ____ periculum: ____ / ____ (4) ____

Text

1. Cornēlia et Claudia Flāviam vident. 2. Cornēlia: „Ibī Flāvia intrat.“ 3. Tum Claudia: „Et amīcum Flāviae videō: 4. Modo Quīntus cōnsulem et senātōrēs[!] et amīcōs senātōrum[!] salūtat.“ 5. Et Cornēlia: „Certē etiam deam amōris salūtat.“ 6. Amīcae rīdent. 7. Tum tacent, nam verba imperātōris audiunt et simulācra deōrum et deārum exspectant. (14) ____

Kultur

Kreuze die richtigen Aussagen an.

1 ☐ Der Circus Maximus ist 650 m lang.
2 ☐ Bei der *pompa* wird der Sieger geehrt.
3 ☐ Das Startsignal ist eine rotweiße Fahne.
4 ☐ Der Circus fasst 250 000 Zuschauer.
5 ☐ Es werden zwölf Runden gefahren.
6 ☐ Eine *quadriga* ist ein Viergespann.
7 ☐ Die *meta* ist der Wendepunkt.
8 ☐ Von der *spina* aus schaut der Kaiser zu. (4) ____

(36) ____

Selbsttest Lektion 5

	Vokabeln L 5	Grammatik a. Dativ / b. Kons. Konjugation	Text „Quintus und seine Freunde“	Kultur Forum Romanum		
Vokabeln	a. legere, ______ (1,5) nox, ______ ______ (2) si (1) ______ ______ ______				(4,5)	___
	b. [1] Patronus furem quaerit. (3) [2] Orator epistulam patris legit. (4)				(7)	___
Grammatik	a. *Unterstreiche die Formen im Dativ Singular einfach, Dativ Plural doppelt.* *(je 0,5 Pkt.)* avo – regis – deae – patroni – consulibus – amicis – clamoris – patri – homo				(2,5)	___
	b. *Nenne Infinitiv und 1. P. Sg. und die Konjugationsklasse.* *(je 0,5 Pkt.)* solemus: ______, ______ ______ sumit: ______, ______ ______ dicunt: ______, ______ ______ dormitis: ______, ______ ______				(6)	___
Text	1. Dum iūdicēs verba patrōnī audiunt, Quīntus epistulam Flāviae legit. 2. Gāius Lūciō amīcō dīcit: 3. „Cūr Quīntus semper tacet?“ 4. Lūcius respondet: „Certē dormit.“ 5. Amīcī rīdent, sed Quīntō verba amīcōrum nōn placent.				(12)	___
Kultur	*Ordne die richtigen Bezeichnungen den Erklärungen zu:* basilica, tabularium, curia, Via sacra, rostra, taberna Versammlungsort des Senats: [1] ______ Heilige Straße: [2] ______ Halle für Gerichtsprozesse : [3] ______ Rednertribüne: [4] ______				(4)	___
					(36)	

Selbsttest Lektion 6

	Vokabeln L 6	Grammatik a. Adjektiv / b. Imperativ	Text „Piratenkampf“	Kultur Reisen in der Antike		
Vokabeln	a. abducere, ______ (1,5) pugnare, ______ (1,5) ubique (1) ______ ______ ______				(4)	___
	b. [1] Venti secundi sunt. (2) [2] Dei tibi auxilium dant. (3)				(5)	___
Grammatik	a. *Wähle das Adjektiv aus, das in KNG zu dem Substantiv passt (je 0,5 Pkt.), und übersetze (je 1 Pkt.).* terram (aliena/alienam/alienae) ______ patri (laeto/laeti/laetis) ______ (multorum/multis/multi) homines ______ navis (novis/nova/novus) ______				(6)	___
	b. *Unterstreiche Imperativ Sg. einfach, Imperativ Pl. doppelt. (je 0,5 Pkt.)* tace – oratis – intrate – nauta – quaere – da – iudici – defendite – iacet – venite				(3)	___
Text	1. Aulus et Mārcus lūdunt. 2. Aulus: „Ego sum pīrāta māgnus. 3. Multās nāvēs invādō, nautās petō et necō.“ 4. Mārcus: „Et ego arma sūmō, nāvem dēfendō, tē superō.“ 5. Tum Flāviam vident. 6. Clāmant: „Venī, Flāvia, lūde etiam tū! 7. Dum lūdis, maesta nōn es.“ 8. Sed Flāvia respondet: „Tacēte!“				(14)	___
Kultur	*Setze die fehlenden Wörter ein.* Nur [1] ______ können schnell große Entfernungen im Mittelmeerraum überwunden werden. Das ist aber wegen der Winterstürme nur von [2] ______ bis Ende September möglich. In der Regel sucht man sich im [3] ______ von Ostia oder Brundisium in einem Schifffahrtsbüro ein [4] ______, das zu dem gewünschten Ziel fährt.				(4)	___
					(36)	

Selbsttest Lektion 7

	Vokabeln L 7	Grammatik a. Ablativ / b. Satzglieder	Text „Erste Hilfe“	Kultur Thermen		
Vokabeln	a. currere, ______ *(1,5)* portare, ______ *(1,5)* post *(1)* ______ ______ ______				(4)	___
	b. [1] In foro manemus. *(3)* [2] Nonne mortui sunt? *(2)*				(5)	___
Grammatik	a. *Bilde den Ablativ und übersetze.* *(je 0,5 Pkt.)* cum (avus) ______ – ______ sine (consules) ______ – ______ in (aqua) ______ – ______ ex (navis) ______ – ______				(4)	___
	b. *Markiere verschieden: Prädikat, Subjekt, Objekt, Adverbiale, Attribut.* *(je Satz 2,5 Pkt.)* [1] Mater consulis in foro medicum videt. [2] Magna cum voluptate amicis dona damus.				(5)	___
Text	1. Quīntus cum amīcīs in forō ambulat. 2. Subitō hominem vident: Sine mente iacet. 3. Prīmō amīcī nihil dīcunt, tum Quīntus clāmat: „Vocāte medicum!“ 4. Statim multī hominēs accēdunt, stant, spectant. 5. Quīntus: „Cūr auxilium nōn datis? Num timētis?“ 6. Tandem medicus accurrit.				(14)	___
Kultur	*Ordne die richtigen Bezeichnungen den Erklärungen zu:* frigidarium, caldarium, palaestra, laconicum, tepidarium Sportplatz: [1] ______ Warmbaderaum: [2] ______ Kaltbaderaum: [3] ______ Schwitzecke: [4] ______				(4)	___
					(36)	

Selbsttest Lektion 8

	Vokabeln L 8	Grammatik a. Ablativ / b. Ablativfunktionen	Text „Sklavenkauf“	Kultur Sklaven		
Vokabeln	a. sperare, ______ *(1,5)* exponere, ______ *(1,5)* hodie *(1)* ______ ______ ______				(4)	___
	b. [1] Tota urbe voces audimus. *(3)* [2] De fortuna cogitat. *(2)*				(5)	___
Grammatik	a. *Bilde Ablativ Singular und Plural.* oculus: ______ / ______ orator: ______ / ______				(4)	___
	b. *Nenne die Frage nach dem Ablativ und seine Funktion.* *(je 0,5 Pkt.)* [1] Prima luce legimus. ______, ______ [2] Vitiis vacat. ______, ______ [3] Donis gaudeo. ______, ______ [4] Tota urbe ambulamus. ______, ______				(4)	___
Text	1. Prīmā lūce dominus in forum currit. 2. Ibī multī hominēs dominum laetīs clāmōribus salūtant. 3. Dominus servum emit, tum amīcīs dīcit: 4. „Placetne servus novus? 5. Satis rōbustus est, etiam bellus est.“ 6. Amīcī māgnā vōce respondent: 7. „Nōn placet, nam ad servitūtem nātus nōn est. 8. Cūnctī hominēs sunt aequī.“				(15)	___
Kultur	*Setze die fehlenden Wörter ein.* Etwa jeder [1] ______ Einwohner Roms war Sklave. Sklaven arbeiteten beispielsweise als [2] ______. Rechtlich gesehen sind Sklaven [3] ______. Freigelassene aber haben nicht die gleichen [4] ______ wie ihre früheren Besitzer.				(4)	___
					(36)	

Selbsttest Lektion 9

Vokabeln L 9	Grammatik a. Nomen auf -(e)r / b. AcI	Text „Gladiator-Spiel“	Kultur Kolosseum

Vokabeln

a. agere, ______ *(1,5)* mors, ______ ______ *(2)* etsi *(1)*

______ ______ ______ (4,5) ___

b. [1] Vita dura et misera est. [2] Pueri agrum petunt. *(je 3 Pkt.)* (6) ___

Grammatik

a. *Nenne Nom. und Gen. Sg. der Substantive sowie Nom. Sg. m/f/n der Adjektive.* *(je 0,5 Pkt.)*

viris ______ pulchras ______

matris ______ sinistro ______

pueri ______ (2,5) ___

b. *Setze die Klammer um den AcI und übersetze.* *(je 2 Pkt.)*

1. Quintus amicos in foro ludere audit. – 2. Scio te amicam bonam esse.

1. ______

2. ______ (4) ___

Text

1. Flāvia Pūblium in vīllā māgnā vōce clāmāre audit: 2. „Pūgnā tandem! 3. Certē mē horrēs, quod tē gladiātōrem! malum esse scīs. 4. Ego neque adversāriōs neque mortem timeō, asper et dūrus sum. 5. Aliī gladiātōrēs! sciunt mē semper victōrem esse. 6. Virī mihī plaudunt, cūnctae fēminae pulchrae mē amant.“ 7. Flāvia intrat et fīlium dominī sōlum esse videt. (15) ___

Kultur

Erkläre diese Begriffe und Zahlen zum Kolosseum:

Amphitheatrum Flavium: [1] ______ pompa: [2] ______

80 n. Chr: [3] ______ 188 m: [4] ______ (4) ___

(36)

Selbsttest Lektion 10

Vokabeln L 10	Grammatik a. Imperfekt / b. Verwendung	Text „Gedanken einer Sklavin“	Kultur Gallien und die Gallier

Vokabeln

a. addere, ______ *(1,5)* mos, ______ ______ *(2)* adhuc *(1)*

______ ______ ______ (4,5) ___

b. [1] Oportebat homines sacra curare. *(4)* [2] Rex deis sacrificabat. *(2)* (6) ___

Grammatik

a. *Bilde die Imperfektformen.* *(je 1 Pkt.)*

2. P. Sg. von mutare: ______ 1. P. Pl. von carere: ______

3. P. Pl. von esse: ______ 1. P. Sg. von audire: ______

3. P. Sg. von vivere: ______ 2. P. Pl. von addere: ______ (6) ___

b. *Ergänze.* *(je 0,5 Pkt.)*

Das lateinische Imperfekt wird im Deutschen mit dem ______ wiedergegeben. Es drückt besonders aus: Zustände oder ______ Vorgänge, Gewohnheiten und ______ Handlungen der Vergangenheit. (1,5) ___

Text

1. Galla cōgitat: „Serva nōn nāta sum. 2. Quondam lībera puella eram. 3. In agrīs labōrābam, sed nēminī pārēre dēbēbam. 4. Gallī līberī erant, hūmānitāte nōn carēbant. 5. Quis statuit Flāviam dominam esse? 6. Quondam servīs labōrēs impōnēbat, nunc cum aliīs servīs cēnam parāre dēbet.“ (14) ___

Kultur

Setze die fehlenden Wörter ein.

Die Gallier nennen sich in ihrer Sprache [1] ______. Im Jahr 387 v. Chr. hätten sie [2] ______ beinahe erobert. Im 1. Jh. v. Chr. führte der römische Feldherr [3] ______ Krieg gegen die Gallier. Im Jahr 52 griff der gallische Anführer [4] ______ mit vereinten gallischen Stämmen das römische Heer an und besiegte es fast. (4) ___

(36)

Selbsttest Lektion 11

Vokabeln L 11	Grammatik a. Perfektstamm / b. Perfekt	Text „Bericht vom Überfall“	Kultur Griechen und Griechisch

Vokabeln

a. trahere, __________ *(2)* hospes, __________ __________ *(2)* enim *(1)*

__________ __________ __________ (5) ____

b. [1] Desinite desperare! *(2)* [2] Si fratrem interrogo, negat. *(4)* (6) ____

Grammatik

a. *Nenne den Perfektstamm.*

servare – __________ habere – __________ ducere – __________ (3) ____

b. *Konjugiere* mittere *im Perfekt.* *(je 0,5 Pkt.)*

1. P. Sg.: __________ 2. P. Sg.: __________ 3. P. Sg.: __________

1. P. Pl.: __________ 2. P. Pl.: __________ 3. P. Pl.: __________ (3) ____

Text

1. Quīntus: „Māter, tūne iam scīs patrem et frātrem Flāviae hīc esse? 2. Pīrātae nāvem invāsērunt et virōs in undās praecipitāvērunt. 3. Quamquam māgnō in perīculō erant, nōn dēspērāvērunt. 4. Et profectō nautae Graecī auxilium praebuērunt: 5. Multōs ex aquā trāxērunt et servāvērunt.“ 6. Māter: „Deīs grātiās agō.“ 7. Sed Quīntus addidit: „Sortem Flāviae adhūc īgnōrō.“ (15) ____

Kultur

Nenne ... *(je 0,5 Pkt.)*

... zwei Bereiche, in denen die Griechen kulturelle Spitzenleistungen erbracht haben:

[1] __________ , __________

... einen griechischen Ort, an dem junge, wohlhabende Römer studierten: [2]

__________ (2) ____

... den Bereich, in dem die Römer den Griechen überlegen waren: [3] __________

Übertrage die Wörter aus der griechischen Schrift: (2) ____

[4] ΑΛΕΞΑΝΔΡΟΣ __________ γεωμετρία __________

(36)

Selbsttest Lektion 12

Vokabeln L 12	Grammatik a. Neutra Kons. Dekl. / b. Perfektarten	Text „Quintus' Albtraum“	Kultur Götter der Antike

Vokabeln

a. movere, __________ *(2)* genus, __________ __________ *(2)* per *(1)*

__________ __________ __________ (5) ____

b. [1] Semper numen colui. *(2)* [2] Post aram caput vidimus. *(3)* (5) ____

Grammatik

a. *Bestimme die Formen.* *(je 0,5 Pkt.)*

numina: __________ vita: __________ capitis: __________

filius: __________ corpus: __________ salutis: __________ (3) ____

b. *Nenne den Perfektstamm.*

credere __________ terrere __________ vertere __________ intellegere __________ (4) ____

Text

1. Quīntus: „Dum dormiō, Flāviam mē vocāre audīvī. 2. Amīca in monte sedēbat et flēbat. 3. Postquam dē monte dēscendit, maestā vōce dīxit: 4. ‚Nūntium mīsī, sed neque vēnistī neque auxilium dedistī. 5. Nūmina precibus nōn mōvī.‘ 6. Caput amīcae tangēbam – sed subitō vīdī deōs corpus Flāviae in saxum vertere!“ (15) ____

Kultur

Nenne die Götter und Göttinnen (griechischer/römischer Name) für diese Bereiche: *(je 0,5 Pkt.)*

Liebe

[1] __________

Götterbote

[2] __________

oberster Gott

[3] __________

Weisheit

[4] __________ (4) ____

(36)

Selbsttest Lektion 13

	Vokabeln L 13	**Grammatik** a. Personal-Pron. / b. Plusquamperfekt	**Text** „Brief der Freundinnen“	**Kultur** Schreiben		
Vokabeln	a. cognoscere, ______ *(2)* sustinere, ______ *(2)* tam *(1)* ______ ______ ______				(5)	____
	b. [1] Cives in patriam reduxit. [2] Duae curae me sollicitant. *(je 3 Pkt.)*				(6)	____
Grammatik	a. *Übersetze ins Lateinische.* *(je 0,5 Pkt.)* dich: ______ ohne uns: ______ ihr: ______ mit mir: ______				(2)	____
	b. *Zerlege die Verbformen in ihre Bestandteile und übersetze sie.* f l e v e r a m ______ s c r i p s e r a t i s ______ t a c u e r a t ______ e g e r a n t ______				(6)	____
Text	1. Tandem cognōvīmus tē vīvere, amīca! 2. Quīntus nōs petīvit et nōbīs dīxit: 3. „Diū Flāviae occāsiō nōn fuit epistulam scrībere, nam pīrātae nāvem invāserant, hominēs oppresserant, abdūxerant, vendiderant. 4. Nunc autem amīcam contrā iūs in Galliā servīre sciō. 5. Itaque ad vōs accurrī, quod ā vōbīs auxilium spērō: Sacrificāte deīs! 6. Nam pater et ego Flāviam in patriam redūcere cōgitāmus.“ 7. Statim in templum! cucurrimus et deōs ōrāvimus. 8. Nunc hīc tē exspectāmus, amīca!				(15)	____
Kultur	*Ordne die richtigen Bezeichnungen den Erklärungen zu:* cursus publicus, codex, scriptio continua, stilus, volumen, epistula Brief: [1] ______ Griffel: [2] ______ Buchrolle: [3] ______ kaiserliche Post: [4] ______				(4)	____
					(36)	

Selbsttest Lektion 14

	Vokabeln L 14	**Grammatik** a. Infinitiv Perfekt / b. Zeitverhältnis im AcI	**Text** „Was beim Sturm geschah“	**Kultur** Wege und Straßen		
Vokabeln	a. advenire, ______ *(2)* ponere, ______ *(2)* paratus *(1)* ______ ______ ______				(5)	____
	b. [1] Quid modo de caelo cadit? *(3)* [2] Oculos aperuit et surrexit. *(2)*				(5)	____
Grammatik	a. *Klammere den AcI ein. Markiere den Infinitiv Perfekt und nenne seinen Inf. Präsens.* *(je 0,5 Pkt.)* 1. Quintus piratas Flaviam abduxisse cognoscit. ______ 2. Legit amicam primo in Asia fuisse, nunc in Gallia esse. ______				(3)	____
	b. *Übersetze die Sätze unter Berücksichtigung des Zeitverhältnisses.* *(je 2 Pkt.)* 1. ______ 2. ______				(4)	____
Text	1. Hospes: „Priusquam cēnāmus, Quīnte, cōnsīde et dīc mihī: Cūr iter vertistis? 2. Iam dīxistī equōs subitō constitisse et tempestātem arborem frēgisse.“ 3. Quīntus: „Tum vīdī patrem caput offendere et sine mente iacēre.“ 4. Hospes: „Nōnne servī vīderant dominum in viam cecidisse?“ 5. „Servī statim patrem sustulērunt. 6. Postquam vīdī noctem iam appropinquāre, iter hūc vertimus. 7. Grātiās tibī agimus, quod nōbīs cūnctīs hospitium praebēs.“				(15)	____
Kultur	*Ergänze die fehlenden Wörter.* Die römischen Straßen sind ursprünglich nicht für Reisende gebaut, sondern für [1] ______ ______ . Benannt wurden sie meist nach ihrem Erbauer, z. B. heißt die von Appius Claudius Caecus 312 v. Chr. angelegte Straße, die von Rom nach Süden führt, [2] ______ . Zu Fuß schafft man pro Tag ca. [3] ______ km, mit Pferd oder Reisewagen 60–75 km. An den Raststationen kann man [4] ______ .				(4)	____
					(36)	

Selbsttest Lektion 15

Vokabeln L 15	Grammatik a. Adjektive kons. Dekl. / b. Possessiv-Pron.	Text „Flavia über die Sklaverei“	Kultur Freizeit: Theater

Vokabeln

a. invenire, ________ *(2)* dolus, ________ ________ *(2)* ambo *(1)*

________ ________ ________ (5) ____

b. [1] Post breve tempus orator grandis discessit. *(3)* [2] Cur non omnes homines felices sunt? *(2)* (5) ____

Grammatik

a. *Wähle die in KNG passende Adjektivform aus (je 0,5 Pkt.). Übersetze die Kombination (je 1 Pkt.).*

viros (gravi/graves/gravibus): ________

iter (brevis/brevi/breve): ________ (4) ____

b. *Setze die in KNG passende Form des Possessiv-Pronomens dazu und übersetze.*
tuos – nostra – meam – tuum – vester – nostris – mea – vestro

opinionem ________ – ________ precibus ________ – ________

cum rege ________ – ________ equos ________ – ________ (4) ____

Text

Flāvia: 1. „Dum per breve tempus serva in Galliā sum, sortem miseram servārum cognōvī. 2. Itaque prō certō habeō nēminem ad servitūtem nātum esse. 3. Etsī Aufidius Āridus, dominus meus, semper sē facilem praebuit, etsī numquam servōs suōs ācribus verbīs terruit, servī sē līberōs nōn esse sciunt. 4. Cēterī servī saepe dīxērunt: ‚In rēgnō dominī nostrī etiam servī fēlīcēs sunt.‘ 5. Sed mea opīniō est nōs hominēs cūnctōs aequōs esse.“ (15) ____

Kultur

Ergänze die fehlenden Wörter.
Zur Zeit des Kaisers Hadrian werden in den Theatern vor allem Stücke aus der [1] ________ von einem [2] ________ dargestellt. Dieser spielt mit verschiedenen [3] ________ alle Rollen. Der Zuschauerraum eines Theaters war halbrund und gegenüber befand sich die [4] ________. (4) ____

(36)

Selbsttest Lektion 16

Vokabeln L 16	Grammatik a. *is, ea, id* / b. Verwendung von *is, ea, id*	Text „Am Tag nach dem Fest“	Kultur Essen bei den Römern

Vokabeln

a. pergere, ________ *(2)* testis, ________ ________ *(2)* sero *(1)*

________ ________ ________ (5) ____

b. [1] Decima demum hora est. *(2)* [2] Paulo post hospites cenant. *(2)* (4) ____

Grammatik

Bestimme den Kasus der Formen von is, ea, id *und übersetze sie.* *(je 0,5 Pkt.)*

eum testem ________ id oppidum ________

Ei donum dedi. ________ Cum iis per forum ambulo. ________

Ibi est Marcus. Ubi est frater eius? ________ Ea est soror eorum. ________ (7) ____

Text

Sulpicia: 1. „Ea cēna nōn commūnis, sed grandis fuit! 2. Hospitēs frequentēs vēnerant, complūrēs eōrum virī clārī erant. 3. Etiam alter cōnsul et uxor sua apud Flāviōs cēnāvērunt. 4. Eōs salūtāvī iīque etiam mē salūtāvērunt. 5. Flāvia certē puella pulchra est; eam fīlius noster valdē amat. 6. Audīvistīne verba eius? Eī vītam fēlīcem prōmīsit. 7. Postquam id audīvī, lacrimās vix tenuī. 8. Postrēmō deī mātrem Flāviae servāvērunt. Grātiās eīs agō. 9. Nam fortūna eius familiae misera fuit, sed nunc deī eī favent.“ (16) ____

Kultur

Ergänze die fehlenden Wörter. *(je 0,5 Pkt.)*

Tagsüber essen die Römer [1] ________. Die [2] ________ ist die Hauptmahlzeit, sie findet am Abend um die [3] ________ oder [4] ________ Stunde statt. Man legt sich im [5] ________ auf Sofas für je [6] ________ Personen zu Tisch. Die Römer essen mit [7] ________, die Speisen sind von [8] ________ in mundgerechte Stücke geschnitten. ____ (4)

(36)

Checkliste zur Selbsteinschätzung

Folgende Kompetenzen hast du in den Bereichen Wortschatz, Grammatik, Text und Kultur in den Lektionen 1–16 ausgebildet. Überlege, wie kompetent du dich jeweils darin fühlst, wie sicher du bist:

🟢 sehr sicher 🔵 recht sicher 🟡 eher unsicher 🔴 unsicher

Ich kann ...

		sehr sicher	recht sicher	eher unsicher	unsicher
Vokabeln	... die wesentlichen Bedeutungen der Vokabeln nennen.	●	●	●	●
	... bei den Substantiven Genitiv Singular und Genus angeben.	●	●	●	●
	... bei den Verben die Stammformen angeben.	●	●	●	●
	... eine flektierte Form auf ihre Grundform zurückführen.	●	●	●	●
	... Lehnwörter, Fremdwörter und fremdsprachige Wörter auf die zugrunde liegende lateinische Vokabel zurückführen und ihre Bedeutung erklären.	●	●	●	●
	... Vokabeln zu Synonymen, Antonymen und Wortfamilien gruppieren und Wortfelder und Sachfelder zusammenstellen.	●	●	●	●
	... verschiedene Strategien und Prinzipien des Vokabellernens darstellen und die für mich passende Methode erläutern.	●	●	●	●

Ich kann ...

		sehr sicher	recht sicher	eher unsicher	unsicher
Grammatik	... die Grundelemente und Zeichen der Verben (Stamm, Person, Tempus) erkennen und benennen.	●	●	●	●
	... die Kasus-Zeichen der Nomen erkennen und deren Funktion benennen.	●	●	●	●
	... Wörter ihrer Wortart zuordnen.	●	●	●	●
	... Satzglieder im Satzzusammenhang bestimmen.	●	●	●	●
	... Gliedsätze anhand ihrer Einleitungswörter erkennen und in ihrer Sinnrichtung unterscheiden.	●	●	●	●
	... satzwertige Konstruktionen (AcI) analysieren und übersetzen.	●	●	●	●
	... Fachbegriffe der Grammatik verstehen und anwenden.	●	●	●	●

Ich kann ...

Text	... anhand von Textsignalen begründete Vermutungen zum Thema und Inhalt eines unbekannten Textes anstellen.				
	... Methoden zur Erschließung und Übersetzung eines Satzes anwenden (Pendelmethode, Konstruktionsmethode, Wortblöcke bilden).				
	... Beziehungen zwischen Wörtern (Kongruenz, Wortblöcke) erkennen.				
	... aus mehreren Bedeutungen einer Vokabel die im Textzusammenhang passende auswählen.				
	... die Aussage des lateinischen Satzes angemessen im Deutschen wiedergeben.				
	... meine Entscheidungen bei der Übersetzung begründen und erläutern.				
	... Texte gliedern und nach vorgegebenen Aspekten interpretieren.				

Ich kann ...

Kultur	... über Bereiche des Alltagslebens der Römer Auskunft geben (Namen, Wohnen, Kleidung, Essen, Schule, Schreiben, Freizeit, Reisen).				
	... bekannte Bauwerke in Rom benennen und Informationen darüber geben.				
	... Gottheiten und Begriffe aus der antiken Religion nennen und erläutern.				
	... das römische Zahlensystem anwenden und die Zeitrechnung beschreiben.				
	... einige Ereignisse aus der römischen Geschichte beschreiben.				
	... über das Römische Reich informieren (Ausdehnung, Provinzen, Romanisierung).				
	... Elemente der Antike in der heutigen Welt erkennen und deuten.				

Übersicht über die Themen der Selbsttests

L	Vokabeln	Grammatik		Text *(Themen der Texte)*	Kultur
1	Die Vokabeln der jeweiligen Lektion findest du im Wortschatzverzeichnis deines Schülerbuchs Cursus.	Fachbegriffe	3. Person Singular	*Flavia ist ungeduldig*	Das römische Wohnhaus
2		Nominativ Plural	3. Person Plural	*Die Ankunft*	Namen und Kleidung
3		Akkusativ	Person-Zeichen	*Flavia denkt an Kreta*	Das Römische Reich
4		Deklinationen	Genitiv	*Flavias Freundinnen*	Circus Maximus
5		Dativ	Konsonantische Konjugation	*Quintus und seine Freunde*	Forum Romanum
6		Adjektiv	Imperativ	*Piratenkampf*	Reisen in der Antike
7		Ablativ	Satzglieder	*Erste Hilfe*	Thermen
8		Ablativ	Ablativfunktionen	*Sklavenkauf*	Sklaven
9		Nomen auf *-(e)r*	AcI	*Gladiator-Spiel*	Kolosseum
10		Imperfekt	Verwendung	*Gedanken einer Sklavin*	Gallien und die Gallier
11		Perfektstamm	Perfekt	*Bericht vom Überfall*	Griechen und Griechisch
12		Neutra der kons. Deklination	Perfektarten	*Quintus' Albtraum*	Götter der Antike
13		Personal-Pronomina	Plusquamperfekt	*Brief der Freundinnen*	Schreiben
14		Infinitiv Perfekt	Zeitverhältnis im AcI	*Was beim Sturm geschah*	Wege und Straßen
15		Adjektive der kons. Deklination	Possessiv-Pronomina	*Flavia über die Sklaverei*	Freizeit: Theater
16		*is, ea, id*	Verwendung von *is, ea, id*	*Am Tag nach dem Fest*	Essen bei den Römern